SHAKTI GAWAIN

DAS GEHEIMNIS WAHREN REICHTUMS

Aus dem Amerikanischen von
Thomas Görden

WILHELM HEYNE VERLAG
MÜNCHEN

HEYNE ESOTERISCHES WISSEN
Herausgegeben von Michael Görden
13/9895

Die amerikanische Originalausgabe erschien unter dem Titel
CREATING TRUE PROSPERTY
bei New World Library, Novato, CA, USA

Der Titel ist auch unter der Bandnummer 13/9861 lieferbar.

Umwelthinweis:
Dieses Buch wurde auf
chlor- und säurefreiem Papier gedruckt.

Taschenbuchausgabe 05/2002
Copyright © 1997 by Shakti Gawain
Copyright © 1999 der deutschsprachigen Ausgabe by
Wilhelm Heyne Verlag GmbH & Co. KG, München
http://www.heyne.de
Printed in Germany 2002
Umschlaggestaltung: FranklDesign, München
Umschlagillustration: Ulrike M. Bürger, München
Gesamtherstellung: Ebner & Spiegel, Ulm
ISBN: 3-453-21461-7

Inhalt

Einleitung
9

1. KAPITEL
Was ist Reichtum?
11

2. KAPITEL
Drei Sichtweisen von Reichtum
23

3. KAPITEL
Geld ist unser Spiegel
33

4. KAPITEL
Der richtige Umgang mit den Polaritäten
des Lebens
57

5. KAPITEL
Die Gegensätze erforschen
67

6. KAPITEL
Der Weg zu Integration
und Gleichgewicht
87

7. KAPITEL
Sehnsucht und Erfüllung
107

8. KAPITEL
Schritte zu wahrem Reichtum
119

9. KAPITEL
Ein Gespräch mit Shakti
135

10. KAPITEL
Geschichten vom Reichtum
161

Danksagung
187

Literaturverzeichnis und Adressen
189

Für meine Mutter, Elizabeth Gawain,
die mich so viel über wahren Reichtum gelehrt hat
und immer noch lehrt.

Einleitung

Vor ungefähr einem Jahr bat mich mein Freund Marc Allen, ein Buch über Reichtum zu schreiben, das er in seinem Verlag veröffentlichen wollte. Damals war ich viel zu beschäftigt, um auch nur darüber nachzudenken. Doch Marc blieb hartnäckig, und schließlich dämmerte mir, dass es sich dabei tatsächlich um eine großartige Idee handelte. Ich hatte immer schon beabsichtigt, eines Tages ein Buch über die Beziehung zwischen Geld und Bewusstsein zu schreiben.

Normalerweise geht dem Schreiben eines Buches bei mir eine mehrjährige intensive Beschäftigung mit der jeweiligen Thematik voraus. Während dieser Zeit studiere ich die einschlägigen Ideen und Methoden, leite Seminare zu dem betreffenden Thema, vertiefe mein Verständnis dafür und arbeite daran, die gewonnenen Erkenntnisse in mein eigenes Leben zu integrieren. Am Ende habe ich mir die Thematik dann vollständig erschlossen und alles Wertvolle aus der Sache herausgeholt. Das Schreiben eines Buches steht am Ende eines Lernzyklus in meinem Leben und gibt mir die Möglichkeit, das erworbene Wissen an andere weiterzugeben.

Bei diesem Buch war das anders. Ich hatte mich in den letzten Jahren wenig mit dem Thema Reichtum beschäftigt. Ich wusste, dass es für mich einiges darüber zu sagen gab, aber ich hatte diese Ideen noch nicht durchdacht und ausgearbeitet. In einigen meiner früheren Bücher – *Gesund denken, Kreativ visualisieren* und *Leben im Licht* – war ich auf die Frage des Reichtums eingegangen, aber ich wusste, es war an der Zeit, meine Botschaft auf den neuesten Stand zu bringen und zu erweitern.

Dieses Buchprojekt erforderte es, dass ich mir darüber klar wurde, was wahrer Reichtum für mich bedeutet. Inzwischen habe ich Seminare zu dem Thema veranstaltet und einige sehr interessante Gespräche geführt, um herauszufinden, welche Vorstellungen andere Menschen mit wahrem Reichtum verbinden. In diesem Buch präsentiere ich Ihnen, was ich gelernt habe. Ich hoffe, diese Ideen werden Ihnen als Katalysator dienen. Lassen Sie sich von ihnen dazu inspirieren, selbst herauszufinden, was wahrer Reichtum für Sie bedeutet.

Ich schlage Ihnen vor, dass Sie sich, ehe Sie weiterlesen, einen Moment Zeit nehmen, um darüber nachzudenken, was Ihrer Ansicht nach wahren Reichtum ausmacht. Vergessen Sie dabei nicht, ruhig und tief zu atmen! Das kann Ihnen dabei helfen, sich für das Einströmen größerer Fülle in Ihr Leben zu öffnen.

Und dann lesen Sie weiter…

Möge dieses Buch Sie inspirieren und Ihnen bei Ihrem Streben nach wahrem Reichtum eine Hilfe sein.

In Liebe

Shakti Gawain

1. Kapitel

Was ist Reichtum?

Die meisten von uns glauben, reich zu sein bedeute, über eine große Summe Geld zu verfügen. Aber wie groß muss diese Summe tatsächlich sein? Manche Menschen besitzen eine ziemlich klare Vorstellung davon, über wie viel Geld sie verfügen müssen, um sich reich zu fühlen: »Wenn ich doppelt soviel verdienen würde wie jetzt, wäre ich reich«, oder: »Wenn ich so viel verdienen würde wie... (eine bestimmte Person aus ihrem Bekanntenkreis), würde ich mich reich fühlen«, oder: »Reichtum heißt, Millionär zu sein«, oder: »Durch einen Lottogewinn würde ich reich werden.«

Andere definieren Reichtum weniger spezifisch, indem sie sagen: »Reichtum bedeutet, genug Geld zu haben, um mich materiell abgesichert zu fühlen«, oder: »Reichtum bedeutet, genug Geld zu haben, um tun zu können, was ich möchte, mir kaufen zu können, was ich haben will, und mich in finanziellen Dingen nicht eingeschränkt zu fühlen. Ein wohlhabender Mensch braucht sich keinerlei Geldsorgen zu machen.« Mit anderen Worten, Reichtum ist die Freiheit, das zu sein, zu tun und zu besitzen, was man wirklich will, ohne große Einschränkungen.

Die meisten von uns sehnen sich danach, auf solche Weise von finanziellen Sorgen und Nöten befreit zu sein. Wir glauben, wenn wir nur irgendwie genug Geld verdienen, erben, gewinnen, ausleihen, erbetteln oder stehlen könnten, um reich zu sein, wären unsere finanziellen Sorgen vorüber, und das Geld würde zugleich auch viele unserer anderen Probleme lösen!

Die Frage lautet jedoch, wie viel Geld wir tatsächlich benötigen, um reich zu sein? Es ist eine traurige Tatsache, dass die meisten Menschen sich niemals wirklich reich fühlen, ganz gleich, wie viel Geld sie auch verdienen oder besitzen.

Es ist leicht einzusehen, warum wir uns nicht wohlhabend fühlen, wenn wir nur sehr wenig Geld verdienen und kaum wissen, wie wir unsere materiellen Grundbedürfnisse befriedigen sollen.

Ebenso ist es nur zu verständlich, dass wir uns auch bei einem recht ordentlichen Einkommen noch nicht reich fühlen, wenn uns zahlreiche finanzielle Verpflichtungen belasten: eine Familie ernähren, Hypotheken auf ein Haus abbezahlen und so weiter.

Doch viele Leute verdienen außerordentlich viel Geld und fühlen sich trotzdem nicht reich. Irgendwie scheinen unsere finanziellen Verpflichtungen in dem Maß zu wachsen, wie unser Einkommen steigt. Das Geld verschwindet so rasch wieder, wie es eingenommen wurde, und die Regelung unserer Finanzen setzt uns immer größerem Stress aus.

Kürzlich las ich einen Zeitungsartikel über einen der zur Zeit erfolgreichsten Filmstars in Hollywood. Auf die Frage, was es denn für ein Gefühl sei, mehrere Millionen Dollar pro Film zu verdienen, antwortete er: »Ach, wissen Sie, eine Million ist heute auch nicht mehr so viel wert wie früher.« Dieser Mann fühlt sich eindeutig nicht wohlhabend, obwohl er über ein Einkommen verfügt, das den meisten von uns extrem hoch erscheint.

Oft ist der Erwerb von Wohlstand mit Ängsten verknüpft: »Wie soll ich mein Geld anlegen? Wie soll ich das alles geregelt bekommen? Was ist, wenn ich alles wieder verliere? Was ist, wenn ich eine Dummheit mache und dadurch wieder so arm werde wie vorher?« Wir scheinen härter und länger zu arbeiten und merken, dass uns trotz unseres steigenden Einkommens viele wichtige Dinge im Leben fehlen – Entspannung, Nähe zu anderen, spirituelle Verbundenheit, Freude.

Kurioserweise machen viele reiche und erfolgreiche Menschen die Erfahrung, dass sie sich, besonders wenn sie älter werden, nach der Einfachheit und Überschaubarkeit ihres früheren Lebens zurücksehnen, als sie weniger Geld und weniger Bedürfnisse, aber mehr Zeit hatten.

Menschen, die ihren Reichtum auf einfachem Weg erworben haben, ohne dass sie lange und hart dafür schuften mussten, drohen häufig andere Fallstricke. Jemand, der ein Vermögen erbt, eine plötzliche Glückssträhne hat, reich heiratet, über Nacht zu großem Ruhm gelangt (wie manche Schauspieler oder Musiker) oder im Lotto gewinnt, sieht sich mit ganz eigenen Problemen konfrontiert. Dazu kann mangelndes Selbstwertgefühl gehören, die Unfähigkeit, mit dem plötzlichen Reichtum klug und verantwortungsbewusst umzugehen (was oft schnell in den Ruin führt), oder das Gefühl, von der Quelle des Reichtums abhängig zu sein. Diese Leute haben häufig das Gefühl, dass es ihrem Leben an einer klaren Zielsetzung fehlt, an Sinn und Zufriedenheit. Oder sie neigen dazu, ihren Reichtum allzu exzessiv auszukosten, bis hin zur Selbstzerstörung.

Und dann sind da noch die Reaktionen der anderen. Haben sie Sie aufrichtig gern, oder sind sie nur von Ihrem Reichtum beeindruckt? Lieben sie Sie um Ihrer selbst willen, oder wollen sie nur von Ihrem Geld profitieren? Diese Fragen können zur Qual werden, wenn man eine Menge Geld besitzt. Wie man sieht, kann sich ein Mensch selbst dann, wenn er über große finanzielle Mittel verfügt, arm und eingeschränkt fühlen.

Falls Sie selbst niemals reich waren, erscheint es Ihnen vermutlich kaum vorstellbar, dass Sie eine große Summe Geld erwerben und sich dennoch nicht reich fühlen könnten. Und doch kennen Sie vermutlich Personen, die sich genau in dieser Lage befinden – sie haben mehr Geld als Sie, aber sie sind unfähig, ihren Wohlstand zu genießen. Sie sind unglücklich, verkrampft und fühlen sich ganz offensichtlich alles andere als reich. Ich denke da zum Beispiel an den Bruder einer guten Freundin, der erfolgreicher Manager ist und ein Riesengehalt bekommt. Dennoch sind er und seine Familie sehr unglückliche Leute, die ständig miteinander streiten, weil sie ihre persönlichen Bedürfnisse nicht unter einen Hut bekommen.

Ich habe viele Berichte über extrem reiche Menschen gelesen – Multimillionäre und Milliardäre –, die von dem Zwang getrieben scheinen, immer mehr Geld zu verdienen. Warum? Wieso ist es so wichtig für sie, noch eine oder zwei Millionen dazuzuverdienen, wenn sie doch bereits viele Millionen besitzen? Offenbar sind sie nicht in der Lage, den großen Wohlstand, den sie angehäuft haben, zu genießen oder auf sinnvolle Weise zu nutzen. Statt dessen sind sie besessen davon, immer noch mehr zu verdienen.

Auf jeder Ebene finanziellen Besitzes, ob jemand nun wenig Geld besitzt oder sehr viel, gibt es Probleme und Fallstricke.

Wenn wir über sehr wenig Geld verfügen, gilt unsere Sorge dem unmittelbaren Überleben. Der Alltag ist vom Kampf um die Sicherung unserer Grundbedürfnisse bestimmt. Wir haben dann nur wenig Gelegenheit, unsere Talente und Interessen zu entwickeln. Wir fühlen uns ohnmächtig und beneiden möglicherweise diejenigen, die materiell besser gestellt sind.

Wenn wir mehr Geld verdienen, wachsen unvermeidlich auch unsere Ausgaben. Das Leben wird komplizierter und anspruchsvoller, da wir nun viel mehr Entscheidungen treffen müssen. Je erfolgreicher wir werden, desto schwerer kann es uns fallen, die richtigen Prioritäten zu setzen. Je mehr Geld wir besitzen, desto mehr persönliche Macht und Verantwortung muss von uns bewältigt werden.

Wenn wir über Reichtum verfügen, müssen wir ihn erfolgreich managen. Wir bekommen Angst, Fehler zu machen oder von anderen ausgenutzt zu werden. Vielleicht werden wir ständig von Leuten bedrängt, die etwas von uns wollen. Entweder verursacht die Frage, wieso wir selbst so viel besitzen, während andere arm sind, uns Schuldgefühle, oder aber wir leugnen dieses Problem.

Obendrein gibt uns selbst großer Reichtum keine Sicherheit. Es besteht immer die Möglichkeit, durch Fehlinvestitionen, Missmanagement, einen Prozess, eine Weltwirtschaftskrise oder andere unvorhersehbare Katastrophen das Vermögen wieder einzubüßen. Selbst ein hohes Maß an finanzieller Stabilität kann uns nicht zu emotionaler Sicherheit verhelfen. Menschen sind oft so zwanghaft hinter dem Geld her, auch wenn sie bereits mehr als genug davon besitzen, weil keine noch so hohe Geldsumme ihnen zu einem Gefühl der Sicherheit und Selbstbestimmung verhilft.

Über mehr Geld zu verfügen bringt demnach nicht zwangsläufig weniger Probleme und größere Freiheit oder Sicherheit mit sich. In Wahrheit hat Reichtum weit weniger mit Geld zu tun, als die meisten von uns denken.

Was also ist Reichtum?

Reich fühlen wir uns, wenn wir reichlich von dem haben, was wir im Leben am meisten brauchen und uns am meisten wünschen, in materieller, aber auch in jeder anderen Hinsicht.

Der Schlüssel liegt in der Erkenntnis, dass Reichtum eine innere Erfahrung ist, kein äußerer Zustand, eine Erfahrung, die nicht an den Besitz einer bestimmten Geldsumme gebunden ist. Zwar steht Reichtum in mancher Hinsicht mit dem Geld in Verbindung, aber er wird nicht durch Geld hervorgerufen. Während kein noch so großer finanzieller Besitz uns garantiert, dass wir uns reich fühlen, *ist es andererseits durchaus möglich, auf nahezu jedem Einkommensniveau ein Gefühl von Reichtum zu erfahren*, sofern nur unsere materiellen Grundbedürfnisse gedeckt sind.

Wie groß unser Einkommen auch sein mag, immer können wir uns Schwierigkeiten gegenübersehen. Doch ebenso können wir uns auch bei jedem Einkommensniveau reich fühlen.

Glauben wir, Geld besäße die Macht, uns reich zu machen, geben wir unsere persönliche Macht an das Geld ab. Wenn wir unsere Macht an eine andere Person oder eine Sache abgeben, fühlen wir uns von dieser Person oder Sache beherrscht. Wenn wir uns also nicht beherrscht und abhängig fühlen wollen, müssen wir unser Gefühl innerer Macht bewahren.

Wir sind so auf das Geld fixiert, weil wir es für das *Mittel* halten, mit dem wir zu erlangen hoffen, was wir uns in Wirklichkeit wünschen. Oft vergessen wir, dass es sich tatsächlich lediglich um ein Mittel zum Zweck handelt, und der Erwerb von Geld wird allmählich zu unserem alleinigen Ziel. Bei unserer Jagd nach dem Geld verlieren wir das Ziel, das wir ursprünglich anstrebten, aus den Augen – das, was wir uns mit dem Geld kaufen wollten. Um wahren Reichtum zu erzeugen, müssen wir uns wieder auf das konzentrieren, was wir uns wirklich wünschen.

Wenn Reichtum bedeutet, sich der Dinge zu erfreuen, die wir wirklich brauchen und die wir uns von Herzen wünschen, dann müssen wir drei Dinge tun, um reich zu werden:

1. Herausfinden, was wir wirklich brauchen und uns wirklich wünschen.
2. Die Fähigkeit entwickeln, das Gewünschte in unser Leben zu bringen.
3. Das, was wir haben, dankbar anerkennen, es wertschätzen und uns daran erfreuen.

Wenn wir diese drei Schritte erfolgreich meistern, werden wir uns auf jeder Stufe unserer Einkommensentwicklung reich fühlen.

Wir alle besitzen das angeborene Potenzial, unseren Beitrag im Leben zu leisten und Erfüllung zu finden. Doch dieses Potenzial bedarf der Entwicklung. Die meisten von uns haben im Lauf des Lebens Verwundungen davongetragen, die uns veranlassen, unser wahres Potenzial in Zweifel zu ziehen oder zu leugnen. Da wir uns unfähig fühlen, unsere Bedürfnisse zu erfüllen, unterdrücken wir sie. Daher gehen die meisten von uns durchs Leben, ohne sich ihrer wirklichen Bedürfnisse und Wünsche bewusst zu sein.

Tief in uns spüren wir eine große Sehnsucht, aber wir wissen nicht genau, wonach wir uns eigentlich sehnen. Also richten wir unsere Aufmerksamkeit auf äußere Dinge – ein größeres Haus, unsere Karriere, eine Beziehung –, in der Hoffnung, dass dies uns Befriedigung verschaffen wird. Manches davon befriedigt uns in der Tat, anderes dagegen nicht, je nachdem, wie nahe diese Dinge dem kommen, was wir uns wirklich wünschen. Letztlich finden wir jedoch keine dauerhafte Befriedigung, bis wir unsere wahren Bedürfnisse und Wünsche bewusst anerkennen und lernen, sie zu erfüllen.

Beginnen Sie den Prozess, größeren Reichtum in Ihr Leben zu bringen, damit, dass Sie in Ruhe darüber nachdenken, was Sie sich wirklich wünschen. Was ist Ihnen am wichtigsten? Was benötigen Sie auf der spirituellen, der geistigen, der emotionalen und der materiellen Ebene?

Nehmen Sie sich die Zeit, sich des Reichtums bewusst zu werden, über den Sie bereits jetzt verfügen. Welche Ihrer Bedürfnisse und Wünsche werden schon jetzt befriedigt? Die meisten von uns leben in beträchtlichem Wohlstand. Oft sind wir so sehr damit beschäftigt, unseren noch unerfüllten Wünschen nachzujagen, dass wir gar nicht mehr in der Lage sind, uns an dem zu freuen, was wir bereits haben. Wenn wir es uns zugestehen, den Reichtum, den wir schon erschaffen haben, wirklich wertzuschätzen, tun wir damit einen wichtigen Schritt hin zu noch größerer Erfüllung.

Denken Sie daran, dass das Erschaffen wahren Reichtums nicht notwendigerweise bedeuten muss, *mehr zu haben*. Viele von uns befinden sich im Gegenteil in der Situation, dass sie *zu viel* haben. Wenn wir zu viele Dinge besitzen, die wir nicht wirklich brauchen, wird unser Leben dadurch übermäßig kompliziert. Das kann unsere Fähigkeit, uns wahren Reichtums zu erfreuen, ernsthaft beeinträchtigen. Viele von uns können den Weg zu wahrem Reichtum nur finden, wenn sie sich zunächst einmal von Dingen befreien, die sie nicht länger brauchen und die ihnen keine wirkliche Befriedigung mehr verschaffen. Das gilt ganz besonders für diejenigen unter uns, die die Lebensmitte überschritten haben.

Ziehen Sie außerdem in Betracht, dass wir nicht in einem Vakuum existieren. Unser persönliches Reichtumsempfinden ist untrennbar mit dem kollektiven Reichtum der Menschheit verknüpft. Wenn die natürlichen Ressourcen der Erde dafür aufgebraucht werden, einen kleinen Prozentsatz der Weltbevölkerung mit materiellem Überfluss auszustatten, und wir nachfolgenden Generationen einen verschmutzten und ausgebeuteten Planeten hinterlassen, ist das geradezu die Antithese wahren Reichtums. Diese Situation spiegelt wider, wie sehr wir auf der individuellen ebenso wie auf der kollektiven Ebene der Heilung bedürfen.

Wahrer Reichtum entsteht, wenn wir lernen, uns auf unsere wirklichen Herzenswünsche zu konzentrieren und im Gleichgewicht mit uns selbst zu leben. Wenn wir diese Art von innerer Integration entwickeln, kommen wir ganz von selbst in größere Harmonie mit anderen und mit der natürlichen Umwelt. Persönlicher Reichtum in seiner ganzen Fülle lässt sich nur in einer gesunden und reichen Welt erleben.

Geld und Reichtum

Wenn Reichtum nicht durch Geld verursacht wird, welche Beziehung besteht dann zwischen Geld und Reichtum?

Unter Umständen ist es sogar möglich, großen Reichtum zu erleben, ohne einen Pfennig Geld zu besitzen. Stellen Sie sich vor, dass Sie draußen in wunderschöner Natur leben, sich Ihr eigenes Haus bauen, Ihre eigene Nahrung anbauen, die Dinge, die Sie brauchen, selbst herstellen oder auf dem Wege des Tauschhandels beschaffen, Arbeit tun, die Sie wirklich lieben, und mit Ihrer Familie und Freunden in einer vertrauten Gemeinschaft leben.

Die Eingeborenenvölker der Erde konnten sich über Jahrtausende hinweg dieser Form des Reichtums erfreuen. Vermutlich haben auch unsere eigenen Vorfahren sich einst ähnlich reich gefühlt. Selbst heute noch leben manche Menschen auf diese Weise und benötigen dazu so gut wie kein Geld.

In der modernen Welt haben die meisten von uns sich jedoch für einen Lebensstil entschieden, bei dem sie lernen müssen, vernünftig mit Geld umzugehen. Daher hängt unser Reichtum teilweise vom Geld ab. Für die meisten von uns spielt das Geld bei der Erfüllung ihrer Wünsche eine wichtige Rolle. Unsere Finanzen sind *ein* Aspekt unseres Wohlstandes.

Ich würde echten finanziellen Reichtum folgendermaßen definieren: *Eine Beziehung zum Geld haben, die unser Reichtums-Bewusstsein in allen Bereichen fördert.*

Um wahren finanziellen Reichtum zu erschaffen, ist es wichtig, dass wir begreifen, was Geld ist und was es nicht ist, und dass wir lernen, in ausgewogener und effektiver Weise mit Geld umzugehen.

Im folgenden Kapitel werden wir einige verbreitete Ansichten zum Thema Geld und Reichtum näher beleuchten.

2. Kapitel

Drei Sichtweisen von Reichtum

Es gibt zum Thema Geld und Reichtum drei weit verbreitete Sichtweisen:

Die materialistische Sichtweise

Gemäß der materialistischen Sichtweise ist ausschließlich die physische, materielle Welt real und von Bedeutung. Befriedigung und Erfüllung können wir nur in dem finden, was uns umgibt. Unsere Aufmerksamkeit ist völlig auf die Außenwelt gerichtet. Geld ist der Schlüssel, um im materiellen Bereich die Dinge zu erlangen, die wir uns wünschen. Um Erfolg und Glück zu finden, versuchen wir, möglichst viel Geld zu verdienen, damit wir uns die Dinge kaufen können, die wir haben wollen, und unsere Umwelt gemäß unseren Wünschen gestalten können.

Diese Sichtweise wird vermutlich von der Mehrheit der Menschen in der heutigen Welt geteilt. Gewiss trifft das auf die meisten Menschen in den westlichen Industriegesellschaften zu, aber auch, leider, wie man wohl sagen muss, für eine wachsende Zahl von Menschen in den Entwicklungsländern. Die meisten von uns haben diese Sichtweise entweder übernommen oder aber gegen diese gesellschaftlich vorherrschende Konzentration auf materiellen Besitz und finanziellen Reichtum rebelliert.

Die transzendente spirituelle Sichtweise

Die transzendente spirituelle Sichtweise bezüglich Geld und Reichtum entstammt den transzendenten Religionen des Ostens wie auch des Westens. Sie steht mehr oder weniger im Widerspruch zum materialistischen Standpunkt.

Die transzendenten spirituellen Traditionen des Westens sagen uns, dass die materielle Welt ein Jammertal der Versuchung, der Sünde und des Leids sei, das wir ertragen müssen, um nach dem Tod an einen besseren Ort – den spirituellen Bereich – zu gelangen. Die östlichen transzendenten Traditionen lehren, dass die materielle Welt lediglich eine Illusion sei. Das Ziel besteht darin, »aufzuwachen« und die Beschränkungen der Körperlichkeit hinter sich zu lassen. In beiden Fällen wird der körperlich-materielle Bereich als ein Gefängnis betrachtet, eine Begrenzung, die es zu überwinden gilt.

In allen diesen Traditionen muss der wahre spirituell Suchende der Welt entsagen und sein Anhaften an die Dinge, besonders an Geld und materiellen Besitz, überwinden. Im Osten wie im Westen legen jene, die ihr Leben ganz der Spiritualität weihen, Armutsgelübde ab und trennen sich, von wenigen persönlichen Dingen abgesehen, von allem privaten Besitz. Sie vertrauen darauf, dass Gott durch die Mutter Kirche oder durch jene Menschen, denen ihr religiöser Dienst gewidmet ist, für sie sorgen wird. Mit mehr oder weniger großem Erfolg streben sie danach, ihre Wünsche nach materiellem Komfort, Sicherheit, Macht, Sex und dergleichen zu transzendieren.

Dieser Philosophie zufolge lässt sich Erfüllung nur auf der spirituellen Ebene finden. Reich ist ein Mensch demnach, wenn er über ein reiches spirituelles Erleben verfügt. Die Aufmerksamkeit wird vollkommen nach innen gerichtet. Die materielle Welt wird als Ablenkung von der angestrebten Geistigkeit betrachtet, weswegen ein spiritueller Mensch sich so weit wie möglich von weltlichen Dingen fern halten sollte. Wir sind aufgerufen, unsere Bedürfnisse zu minimieren, und das gilt für die materielle ebenso wie für die emotionale Ebene. Reichtum entsteht, wenn wir unsere Bedürfnisse immer mehr vereinfachen und unsere vertiefte Spiritualität als einzig wahren Lohn betrachten. Materielle Armut kann entsprechend dieser Sichtweise spirituellen Reichtum ermöglichen.

Im Materialismus besteht die Strategie zum Erlangen von Reichtum darin, »mehr zu haben«. Je mehr man besitzt, desto glücklicher soll man angeblich sein. Nach der transzendenten spirituellen Sichtweise gelangt man zu Reichtum, indem man »weniger braucht«. Je weniger Bedürfnisse man hat, desto glücklicher ist man.

Die Sichtweise des New Age

In Kreisen des New Age ist eine andere Philosophie sehr populär. Bei diesem Ansatz geht es darum, anzuerkennen, dass die äußere Welt ein Spiegelbild unserer Innenwelt ist, dass sich in unserer materiellen Situation unser Bewusstsein widerspiegelt. »Unser Leben ist ein Spiegelbild unserer Gedanken«, sagen die Anhänger dieser Sichtweise. Wenn wir die Verantwortung für unsere Gedanken übernehmen und sie bewusst verändern, wird sich unsere Realitätserfahrung dementsprechend wandeln.

Diese Philosophie geht davon aus, dass wir in einem spirituellen Universum leben, in dem alles, was wir uns wünschen, in grenzenloser Fülle vorhanden ist. Grenzen setzen wir uns nur selbst durch unser Denken und unsere Sicht der Wirklichkeit. Unsere finanzielle Situation ist eine Reflexion unseres Bewusstseinszustandes, und wir selbst sind die Urheber dessen, was wir im Umgang mit Geld erleben. Finanzielle Probleme sind eine Folge unserer negativen Gedanken und einengenden Glaubenssätze. Grenzenloser Reichtum steht uns offen, sobald wir bereit sind, unser Denken dementsprechend zu verändern. Wir können mit Hilfe positiver Affirmationen und verschiedener Formen der Meditation und des Gebetes erreichen, dass sich unser Bewusstsein für den unbegrenzten Reichtum öffnet, der unser spirituelles Geburtsrecht ist.

Diese Sichtweise unternimmt den Versuch, Inneres und Äußeres miteinander zu verbinden. Die Strategie zur Erlangung von Reichtum lautet hier: »Ändere dein

Denken und öffne dich für die grenzenlose Fülle des Geistes, dann kannst du alles bekommen, was du dir wünschst.«

Stärken und Schwächen dieser drei Sichtweisen

Alle drei Philosophien enthalten ein Element der Wahrheit und können in gewissen Phasen des Lebens hilfreich und angemessen sein. Doch ich glaube, für sich allein genommen ist jede von ihnen zu einengend, um uns zu wahrem Reichtum zu verhelfen.

Die materialistische Sichtweise kann uns helfen, jene Fertigkeiten zu entwickeln, die wir benötigen, um in der physischen Welt zu überleben und Erfolg zu haben. Sie kann uns lehren, wie wir unsere eigenen materiellen Bedürfnisse und die unserer Familie und unseres Gemeinwesens befriedigen können. Wir lernen, unsere Umwelt auf befriedigende Weise zu gestalten und der materiellen Ebene Achtung und Wertschätzung entgegenzubringen.

Das Problem dieser Philosophie besteht in ihrer ausschließlichen Konzentration auf die Außenwelt. Sie leugnet die Bedeutung unseres Innenlebens, unserer spirituellen, geistigen und emotionalen Bedürfnisse. Folgen wir ihr, suchen wir allein im materiellen Bereich Erfüllung – und das ist niemals genug. Letztlich führt es zu einem Gefühl der Leere und Enttäuschung, weil selbst großer materieller Reichtum nicht bewirkt, dass auch unsere inneren Bedürfnisse befriedigt werden.

Die transzendente spirituelle Sichtweise öffnet uns einen Ausweg aus der Falle des Materialismus. Sie erkennt unser unauslöschliches Bedürfnis nach spiritueller Verbundenheit an, danach, uns als Teil von etwas zu fühlen, das größer ist als unsere individuelle physische Existenz. Wir werden dazu angeregt, nach einem tieferen Sinn unseres Daseins zu suchen und uns so von der zwanghaften Fixierung auf das Materielle zu lösen.

Leider droht durch den Umschwung ins andere Extrem eine neue Falle. Die Bedeutung der physischen und emotionalen Aspekte unserer Existenz wird geleugnet. Diese Bereiche sind jedoch unverzichtbare Elemente unseres Menschseins. Als spirituelle Wesen haben wir uns dafür entschieden, ein menschliches, irdisches Da sein zu führen, weil es dabei für uns Wichtiges und Sinnvolles zu erfahren gibt. Wenn wir unsere physischen und emotionalen Bedürfnisse leugnen, setzen wir uns einem quälenden inneren Konflikt aus. Wir sehnen uns danach, ja, es ist unverzichtbar für uns, dass wir uns unseres physischen Daseins erfreuen und unsere diesbezüglichen Gaben und Fähigkeiten erproben und entwickeln.

Ich habe festgestellt, dass bei den meisten Menschen, die versuchen, gemäß der transzendenten Philosophie zu leben, enorme innere Konflikte entstehen. Sie konzentrieren sich ausschließlich auf ihre spirituelle Entwicklung und versuchen, »sich über das niedere menschliche Da sein zu erheben«. Sie versuchen, sich von allen Wünschen und Bedürfnissen zu befreien, doch als menschliche Wesen wollen, möchten und brauchen wir alle eine Menge! Dann sind sie zwischen der Sehnsucht nach spiritueller Erfüllung und ihren menschlichen Bedürfnissen hin- und hergerissen, oder zwischen jenem Teil, der nach ewiger Erlösung strebt, und jenem Teil, der sich hier und jetzt des Lebens erfreuen möchte.

Wir sollten *alle* unsere tiefen Bedürfnisse und Gefühle respektieren und wertschätzen. Unsere Sehnsüchte sind die Wegweiser, mit denen unsere Seele uns durchs Leben führt. Wahren Reichtum können wir nur erfahren, wenn wir alle Aspekte unseres Menschseins anerkennen und akzeptieren – unsere spirituellen, geistigen, emotionalen und physischen Wesensteile –, so dass keine Konflikte zwischen ihnen entstehen.

Die Philosophie des New Age befindet sich in vielerlei Hinsicht auf dem richtigen Weg. Unser Leben spiegelt in der Tat unseren Bewusstseinszustand wider. Die äußere Welt *ist* unser Spiegel. Wenn wir dazulernen, wachsen und bewusster werden, zeigen sich diese inneren Veränderungen zunehmend auch in unserer äußeren Realitätserfahrung. In unserer Beziehung zum Geld und unserer Einstellung zum Reichtum spiegeln sich ganz eindeutig innere Prozesse wider.

Diese Philosophie wird jedoch häufig in einer so vereinfachten und beschränkten Form verbreitet, dass sie für die Probleme, denen die meisten von uns sich beim Streben nach wahrem Reichtum gegenübersehen, keine überzeugenden Antworten bietet.

Tatsächlich habe ich die Erfahrung gemacht, dass sich bei vielen Leuten, die ihr zu folgen versuchen, Verwirrung und Frustration einstellen, weil es ihnen nicht gelingt, finanzielle Fülle rasch und mühelos zu manifestieren.

Uns wird gesagt, wenn wir »unsere Gedanken verändern«, würde das unsere Realität verwandeln und uns zu Wohlstand verhelfen. Doch wie in allen Lebensbereichen spiegeln sich auch in der Frage von Geld und Wohlstand nicht nur unsere Gedanken, sondern alle Aspekte unseres Daseins. Wir besitzen nicht nur einen denkenden Verstand, wir haben auch Gefühle, eine Seele und einen Körper. Um wahren Reichtum zu manifestieren, müssen wir *alle* Ebenen unseres Menschseins heilen und entwickeln.

Beispielsweise sind viele Verhaltensmuster, die uns daran hindern, Reichtum zu erfahren, tief in unserem emotionalen Erleben verwurzelt. Wir müssen uns dieser Gefühle bewusst werden und die emotionalen Wunden heilen, die uns immer wieder dazu bringen, unbewusst und destruktiv zu handeln. Um aber eine Heilung auf der emotionalen Ebene herbeizuführen, genügt es längst nicht, lediglich positive Gedanken zu denken.

Um wahren Reichtum zu entwickeln, müssen wir auch der materiellen Ebene des Lebens genügend Aufmerksamkeit widmen, verantwortungsbewusst und angemessen für unseren Körper, unseren Besitz, unsere Finanzen und unsere Umwelt sorgen.

Dass wir uns unserer negativen Glaubenssätze bezüglich Geld und Reichtum bewusst werden und uns für positivere Vorstellungen öffnen, ist zweifellos ein wichtiger Schritt, aber allein dadurch wird sich nur selten finanzielle Fülle, geschweige denn wahrer Reichtum erlangen lassen.

Ich glaube auch, dass die Betonung der Idee vom »grenzenlosen Reichtum« viele Menschen in innere Konflikte stürzt. Wenn sie ihre Wohlstands-Affirmationen anwenden und dann trotzdem kein Geld hereinkommt, denken sie: »Was stimmt nicht mit mir? Warum gelingt mir das nicht?«

Ich denke nicht, dass es allen von uns bestimmt ist, über unbegrenzten materiellen Reichtum zu verfügen. Auf der Seelenebene haben wir alle unterschiedliche Bestimmungen und Lebensaufgaben gewählt. Manche von uns sind möglicherweise hier, damit sie lernen, ein einfaches, glückliches Leben mit wenig Geld zu führen. Manche von uns stehen vor der Lernaufgabe, ihre persönlichen und familiären Bedürfnisse mit einem durchschnittlichen Einkommen zu befriedigen. Und manchen mag es bestimmt sein, über gewaltige Geldsummen zu verfügen und große finanzielle Macht auszuüben. Der wesentliche Prozess ist immer der gleiche: sich den Herausforderungen zu stellen, mit denen das Leben uns in finanzieller und anderer Hinsicht konfrontiert, und die Fähigkeit zu entwickeln, dabei Wohlstand zu erschaffen und zu erfahren.

Im nächsten Kapitel werde ich Ihnen eine weitere Sichtweise vorstellen, einen Weg, Geld und Reichtum zu betrachten, der auf alle drei Philosophien zurückgreift und dabei über sie hinausgeht. Ich glaube, dass dieser Ansatz uns einen Rahmen bietet, innerhalb dessen wir unser Verhältnis zum Geld als Spiegel benutzen können und so zu wahrem Reichtum hingeführt werden.

3. KAPITEL

Geld ist unser Spiegel

Wie wir gesehen haben, wird Wohlstand nicht durch Geld hervorgebracht, aber für die meisten unter uns sind die Finanzen ein wichtiger Aspekt unseres Wohlstandes.

Wenn wir also Reichtum erleben wollen, müssen wir unsere Beziehung zum Geld näher betrachten und die Lektionen begreifen, die der Umgang damit für uns bereithält.

Geld repräsentiert Energie

Geld ist ein Symbol für Energie. Alles im Universum besteht aus Energie. Materielle Gegenstände, die solide wirken, sind es in Wahrheit nicht – tatsächlich bestehen sie aus schwingenden Teilchen, wie die atomare Physik in unserem Jahrhundert nachgewiesen hat. Unser Körper, unser Verstand und unser Geist – all das besteht aus Energie.

Geld ist ein Tauschmittel, das wir bewusst als Symbol für unsere schöpferische Energie gewählt haben. Geld an sich besteht lediglich aus Papierscheinen oder Metall. Es besitzt kaum einen realen Wert, aber wir haben uns dafür entschieden, es als Symbol für die Energie zu benutzen, die wir mit anderen Menschen austauschen. Zum Beispiel gehen Sie zur Arbeit, setzen dabei Ihre Energie ein und verdienen auf diese Weise Geld. Etwas von diesem Geld haben Sie dazu verwendet, dieses Buch zu kaufen, als Austausch für die Energie, die ich aufwandte, um es zu schreiben, und für die Energie, die der Verleger und der Buchhändler aufbrachten, um es Ihnen zugänglich zu machen.

Da Geld Energie symbolisiert, spiegelt sich in unseren finanziellen Angelegenheiten wider, wie unsere Lebensenergie fließt. Wenn unsere kreative Energie frei fließt, ist es um unsere Finanzen zumeist gut bestellt. Ist unsere Energie dagegen blockiert, geht das häufig mit Geldsorgen einher. Eine befreundete Therapeutin hat zum Beispiel die Erfahrung gemacht, dass mehr Klienten sie aufsuchen und sie dementsprechend mehr Geld verdient, wenn sie sich stark und offen fühlt. Wenn sie sich spirituell oder emotional blockiert fühlt oder wenn sie erschöpft ist und Zeit zur Erholung braucht, rufen weniger Klienten an, die um einen Termin bitten.

Tatsächlich spiegelt sich in allem, was in unserem Leben geschieht, wie gut oder schlecht unsere Energie im Fluss ist. Das gilt für unsere Beziehungen ebenso wie für unseren Gesundheitszustand. Geld ist nur einer dieser Spiegel – allerdings ein sehr nützlicher –, die uns zeigen, wie es um unsere Bewusstheit bestellt ist, was in unserem Leben funktioniert und was nicht.

Geld als Spiegelbild

In allen Bereichen unseres Lebens spiegelt sich unser Bewusstseinszustand wider. Alle unsere Überzeugungen, Meinungen, Erwartungen, Gefühle und emotionalen Muster spiegeln sich in den Umständen und Ereignissen unseres Lebens.

Bin ich beispielsweise sehr selbstkritisch, fühle ich mich höchstwahrscheinlich zu Menschen hingezogen und ziehe selbst Menschen an, die diesen inneren Prozess spiegeln, indem sie mir gegenüber sehr kritisch eingestellt sind. Je mehr ich mich selbst liebe und emotional unterstütze, desto eher werden andere Menschen sich mir gegenüber liebevoll und unterstützend verhalten.

Wenn ich glaube, dass das Leben nur wenige Möglichkeiten für mich bereithält, ist es sehr wahrscheinlich, dass meine äußeren Lebensumstände diesen Glauben bestätigen. Habe ich andererseits Vertrauen in meine Fähigkeiten, werde ich gewiss viele Möglichkeiten entdecken, von ihnen erfolgreich Gebrauch zu machen.

Geld kann viele Dinge für uns repräsentieren:

Sicherheit	Macht	Status
Bestätigung	Anerkennung	Selbstwert
Freiheit	Chancen	Erfolg
Versuchung	Übel	Gier
Fülle	Glück	Wohlstand

In unserer finanziellen Situation wird sich immer unser Verhältnis zu den Qualitäten widerspiegeln, die wir bewusst oder unbewusst mit dem Besitz von Geld assoziieren.

Wenn wir tief in uns das Gefühl haben, Erfolg und Glück nicht zu verdienen, ist es gut möglich, dass wir jede sich uns bietende Möglichkeit, zu finanziellem Wohlstand zu gelangen, unbewusst sabotieren. Sind wir sehr unsicher und glauben, dass Geld Macht und Status repräsentiert, werden wir vielleicht zwanghaft danach streben, Reichtum anzuhäufen, in der Hoffnung, dass uns das die Sicherheit und Anerkennung bringen wird, nach der wir uns sehnen. Womöglich kommt dann irgendwann der Moment, in dem wir alles wieder verlieren. Was uns wie eine Katastrophe erscheinen mag, ist in Wahrheit vielleicht eine Chance, die unsere Seele uns gibt, damit wir uns unserer tief verwurzelten Minderwertigkeitsgefühle bewusst werden, so dass eine Heilung möglich ist. Der Erwerb oder der Verlust eines Vermögens kann ein starker Katalysator für Wachstum und Heilung sein.

Wie unterscheidet sich dies nun von der populären New-Age-These, dass es, um wohlhabend zu werden, genüge, sich der eigenen das Geld betreffenden negativen Gedanken und Glaubenssätze bewusst zu werden und sie zu verändern?

Erstens behaupte ich nicht, man müsse einfach nur »seine Gedanken verändern«. Damit sich in unserem Leben ein wirklicher Wandel vollziehen kann, müssen wir uns mit unseren Kernglaubenssätzen und unseren tief sitzenden Gefühlen auseinander setzen – besonders mit jenen, die wir unbewusst hegen. Wir müssen bereit und in der Lage sein, uns selbst zu heilen, nicht nur auf der geistigen Ebene, sondern auch spirituell, emotional und physisch.

Heilung auf der spirituellen Ebene wird möglich, wenn wir eine starke Verbindung zu unserer Seele entwickeln. Auf der geistigen Ebene heilen wir uns selbst, wenn wir uns unserer Kernglaubenssätze bewusst werden, uns von jenen befreien, die uns einengen, und uns für neue, förderliche Ideen und Einsichten öffnen. Emotionale Heilung geschieht, wenn wir lernen, alle unsere Gefühle zuzulassen und zu durchleben. Und um uns auf der physischen Ebene zu heilen, müssen wir lernen, gut für unseren Körper zu sorgen, und auch für die physische Welt um uns herum.*

Die meisten einengenden Muster in unserem Leben gehen auf tiefe emotionale Wunden zurück, deren Heilung einige Zeit und Aufmerksamkeit erfordert. Noch tief greifender ist jene spirituelle Leere, die viele von uns empfinden, weil sie die Verbindung zu ihrer Seele verloren haben. Diese Leere können wir nur heilen, wenn wir Wege finden, eine neue Verbundenheit zu unserem spirituellen Wesenskern herzustellen.

Es ist außerdem unwahrscheinlich, dass wir wahren Reichtum erfahren, in finanzieller wie auch in jeder anderen Hinsicht, solange wir unfähig sind, uns in unserem physischen Körper wohl zu fühlen und mit den Erfordernissen der materiellen Welt angemessen umzugehen.

---

* Weitere Informationen über die verschiedenen Ebenen der Heilung finden Sie in meinem Buch *Die vier Stufen der Heilung*.

Also müssen bei unserem Heilungsprozess viele Aspekte berücksichtigt werden. Diese Art der Transformation ist nicht leicht. Vielmehr handelt es sich um einen sich allmählich entfaltenden, lebenslangen Prozess. Bei den meisten Menschen genügt es nicht, wenn sie positive Wohlstands-Affirmationen vor sich hinsagen, auch wenn das natürlich durchaus eine sinnvolle Maßnahme sein kann.

Wie schon gesagt, habe ich Probleme mit der Idee, wir könnten alle unendlich reich sein, wenn wir nur genug daran glauben. Auf eine ideale, theoretische Weise mag das zutreffen. Ich bin jedoch der Ansicht, dass unsere Seelen in diese Welt gekommen sind, um bestimmte Dinge zu lernen und bestimmte Fähigkeiten zu entwickeln, und dass die Lebensreise eines jeden Menschen einzigartig ist. Manche von uns haben sich möglicherweise dazu entschieden, in diesem Leben extreme körperliche Behinderungen zu erfahren, um daraus auf besondere Weise Stärke und Weisheit zu gewinnen. Ähnlich mögen manche Menschen beschlossen haben, finanzielle Einschränkungen zu erfahren, zeitweilig oder während ihres ganzes Lebens, weil dadurch besonders günstige Voraussetzungen für die Entwicklung bestimmter Aspekte ihres Charakters entstehen.

Oft wird also eine Wahl auf der Seelenebene getroffen, und wir sind uns ihrer in keiner Weise bewusst. So ist es gut möglich, dass wir uns auf der Persönlichkeitsebene wegen dieser Lebensumstände sehr frustriert und unglücklich fühlen, bis wir genug Heilungs- und Bewusstseinsarbeit geleistet haben, um zu erkennen, wie die Wahl unserer Seele langfristig unserer Entwicklung dient. Denken Sie daran, dass wir auf jedem finanziellen Level ein Gefühl für wahren Reichtum in uns kultivieren können.

Allgemein gilt, dass unser Verhältnis zum Geld und unsere Fähigkeit, Wohlstand zu erleben, sich verbessern, je mehr wir auf allen Ebenen Heilung erfahren und wachsen.

Hier ist ein Beispiel dafür, wie das Geld unseren persönlichen Fortschritt reflektieren kann: Kürzlich erzählte mir Peter, ein Unternehmensberater aus Deutschland, er habe einige Investitionen getätigt, die sich als ziemlicher Fehlschlag erwiesen. Während dieser Phase hatte er sich in körperlicher, emotionaler und spiritueller Hinsicht vernachlässigt. Er arbeitete zu hart, trieb sich selbst allzu unbarmherzig an. Im Rückblick sah er, dass der finanzielle Misserfolg seiner Investitionen genau jenen Mangel an Harmonie widerspiegelte, der damals in seinem Leben herrschte. Nachdem er an einem meiner einwöchigen Intensiv-Seminare auf Hawaii teilgenommen hatte, gönnte er sich die Zeit für einen tief greifenden Heilungsprozess auf allen Ebenen. Das spiegelte sich in seiner finanziellen Situation, die sich dramatisch verbesserte.

Natürlich ist dieser Spiegelungsprozess nicht immer so offensichtlich, aber Peters Erfahrungen sind ein gutes Beispiel für den Zusammenhang zwischen unseren Finanzen und unserem Umgang mit unseren wahren Herzenswünschen und seelischen Bedürfnissen.

Bei den meisten von uns gibt es Bereiche im Leben, in denen die Dinge relativ gut funktionieren. (Obgleich es selbstverständlich auch Phasen geben kann, in denen uns unser ganzes Leben völlig chaotisch vorkommt!) Wenn etwas gut funktioniert, zeigt uns das, dass wir in diesem Bereich gelernt haben, was wir gegenwärtig wissen müssen.

Doch zumeist gibt es wenigstens einen Lebensbereich (und manchmal auch mehrere), wo wir das Gefühl haben, festzuhängen, wo wir Probleme haben oder die gleichen unbefriedigenden Muster wieder und wieder durchspielen. Durch solche Schwierigkeiten signalisiert das Leben uns, dass wir in diesem Bereich mehr Bewusstheit, Heilung und Entwicklung benötigen.

Unser Leben ist ein unglaublich genauer Spiegel. Es zeigt sich darin klar und deutlich, welche Schritte in unserer persönlichen Entwicklung gerade anstehen. Wir müssen lediglich lernen, diesen Botschaften Aufmerksamkeit zu schenken.

Die meisten von uns haben einen Bereich im Leben, in dem wir besonders tief gehende Lektionen lernen. Das ist gewöhnlich jener Bereich, wo wir uns unseren schmerzlichsten Problemen gegenübersehen. Wenn wir herausfinden, worin unsere Lektion besteht, und uns auf einen Heilungsprozess einlassen, verwandelt sich unser Schmerz in Weisheit. Dann stellt sich oft heraus, dass wir gerade in diesem für uns so problematischen Bereich besonders viel bewirken und mit anderen Menschen teilen können.

In meinem Leben traf das beispielsweise auf den Bereich meiner Liebesbeziehungen zu. Dort erlebte ich die meisten Frustrationen und Schmerzen.* Indem ich durch diesen Prozess hindurchging, lernte ich jedoch, mich selbst mehr zu lieben, und konnte mich von vielen alten, schädlichen Verhaltensmustern befreien. Die harte Arbeit, die ich in diesem Bereich zu bewältigen hatte, half mir, tiefe und sinnvolle Beziehungen zu anderen Menschen zu entwickeln. Ich glaube, dass dieser Lernprozess mir Einsichten ermöglichte, die zum festen Bestandteil dessen geworden sind, was ich heute im Rahmen meiner Arbeit an andere Menschen weitergebe.

Für einige von uns ist ihr Körper der wichtigste Lehrmeister. Wenn wir von ständigen Gesundheits- oder Gewichtsproblemen geplagt werden, möchte unser Körper uns dadurch vermutlich mitteilen, dass wir uns nicht nur auf der physischen, sondern auch auf einer oder mehreren der anderen Ebenen um Heilung bemühen müssen. Wenn wir zum Beispiel dazu neigen, uns selbst zu hart zur Arbeit anzutreiben, könnte es sein, dass wir krank werden und unser Körper uns auf diese Weise zwingt, zur Ruhe zu kommen, uns zu entspannen und uns besser um uns selbst zu kümmern. Wenn wir die Lektionen lernen, die unser Körper uns vermitteln möchte, und in unserem Leben mehr Raum für Ruhe, Spiel, den Ausdruck von Gefühlen und spirituelle Erneuerung schaffen, muss unser Körper vielleicht künftig nicht mehr krank werden, um auf sich aufmerksam zu machen.

---

* Wenn Sie sich für die Einzelheiten interessieren, können Sie sie in meiner persönlichen Lebensgeschichte *Im Garten der Seele* nachlesen.

Manche von uns sehen sich ihren größten Herausforderungen, und damit ihren besten Lernmöglichkeiten, im Bereich von Beruf und Karriere gegenüber – in der Suche nach der persönlichen Bestimmung, nach einer Arbeit, die sinnerfüllt und wirklich befriedigend ist.

Und für manche ist das Geld der wichtigste Lehrer. Wenn Ihre Gedanken ständig ums Geld kreisen, ob Sie nun sehr wenig oder eine Menge davon besitzen, zeigt Ihnen das, dass Sie in Ihrer Beziehung zum Geld viele Ihrer wichtigsten Lebensthemen entdecken und heilen können.

Geld als Ausdruck von Macht

Um unser Verhältnis zum Geld richtig einschätzen zu können, ist es wichtig, sich klarzumachen, dass Geld uns Macht verleiht. Geld ermöglicht es uns, Dinge zu tun, Dinge zu bekommen, Dinge geschehen zu lassen. Geld verleiht uns in einem gewissen Rahmen die Fähigkeit, die Welt um uns nach unseren Vorstellungen zu gestalten. Auch wenn es uns nicht *zwangsläufig* in die Lage versetzt, unsere spirituellen, geistigen oder emotionalen Bedürfnisse zu befriedigen, kann es doch zumindest hilfreich dabei sein, in allen diesen Bereichen Erfüllung zu finden. Geld kann es uns zum Beispiel ermöglichen, in einer persönlichen Umgebung zu leben, die für unsere Seele wohltuend ist, oder wir können unsere Sehnsucht zu reisen befriedigen. Geld ist keine Garantie für wahren Reichtum, aber es verleiht uns die Macht, auf der materiellen Ebene Ziele zu erreichen.

In unserem Verhältnis zum Geld spiegelt sich wider, welche Einstellung wir zur Macht haben. Da das Geld Spiegel unseres Bewusstseins ist, werden wir um so mehr Geld besitzen können, je wohler wir uns bei der Ausübung von Macht fühlen.

Viele von uns haben eine problematische Beziehung zu persönlicher Macht, und diese Probleme werden sich in ihren finanziellen Angelegenheiten widerspiegeln. Wenn Ihnen ständige Geldsorgen zu schaffen machen, rate ich Ihnen dringend, sich einmal intensiv mit Ihrer Einstellung zum Thema Macht auseinander zu setzen.

Wenn wir ein problematisches Verhältnis zur Macht haben, neigen wir im Allgemeinen dazu, dem Geld entweder nachzujagen oder ihm auszuweichen. Menschen, die sich nach Macht sehnen, betrachten Geld oft als ein Mittel, mächtig zu werden. Hinter einem extremen Streben nach Macht verbirgt sich jedoch oft ein tief sitzendes Ohnmachtsgefühl, das man auf diesem Weg zu kompensieren versucht. Tief drinnen fühlen wir uns ängstlich und hilflos, und unsere zwanghafte Jagd nach Geld und Macht ist in Wahrheit eine Flucht vor diesen Gefühlen. Das ist der Grund, warum viele Menschen, selbst wenn sie bereits großen Reichtum angehäuft haben, immer noch wie besessen dem Geld nachjagen. Sie sind nicht in der Lage, ihren Reichtum und ihre Macht wirklich zu genießen. Kein noch so riesiges Vermögen kann sie von der Angst befreien, die unbewusst an ihnen nagt. Ein Vermögen, das aus einer solchen Motivation heraus erworben wird, wird seinem Besitzer nie zu innerer Zufriedenheit verhelfen. Nur wenn wir uns bewusst unserer Angst und Verletzlichkeit stellen, kann jener Heilungsprozess einsetzen, der es uns ermöglicht, uns an unserem Reichtum zu erfreuen.

Wenn wir uns davor fürchten, Macht auszuüben, kann das dazu führen, dass wir uns unbewusst immer wieder in Geldnöte bringen, da der Besitz von Geld zwangsläufig Macht nach sich zieht. Ständige Geldknappheit ist ein sehr wirkungsvoller Weg, uns ohnmächtig zu fühlen, was es uns ermöglicht, jenen vermeintlichen Risiken ausweichen, die wir mit der Ausübung von Macht assoziieren.

Damit will ich nicht behaupten, dass jeder Mensch, der arm ist, zwangsläufig Angst davor hat, mächtig zu sein; offensichtlich spielen hier auch noch viele andere Faktoren eine Rolle. Falls Sie aber in einer Kultur leben, in der relativer finanzieller Wohlstand vorherrscht, und dennoch in Finanznöten stecken, sollten Sie sich fragen, welcher Teil Ihrer Persönlichkeit unbewusst eine solche Wahl getroffen hat.

Ich habe mit vielen Menschen gearbeitet, die mit hartnäckigen Finanzproblemen zu kämpfen hatten und immer nur gerade eben über die Runden kamen. Manche von ihnen neigten dazu, jedes Mal ihren eigenen Erfolg zu sabotieren, wenn sie kurz davor standen, es zu etwas zu bringen. Ein solches Verhaltensmuster weist in der Regel darauf hin, dass der Betreffende widersprüchliche Gefühle bezüglich persönlicher Macht hegt.

Wenn wir in der Kindheit körperlich oder seelisch von jemandem missbraucht wurden, der Macht über uns hatte, oder wenn wir mit ansehen mussten, wie Menschen ihre Macht missbrauchten, kann das bewirken, dass wir uns davor fürchten, selbst Macht zu haben. Einerseits fürchten wir uns vielleicht davor, zu *sichtbar* zu werden (zu erfolgreich in der Welt), was uns der Gefahr aussetzt, dass andere von uns Notiz nehmen und uns erneut missbrauchen. Aufzufallen bedeutet dann für uns, sich in Gefahr zu begeben. Zugleich fürchten wir möglicherweise, dass wir selbst unsere Macht missbrauchen könnten. Unbewusst ziehen wir es daher vor, ohnmächtig und erfolglos zu bleiben, statt das Risiko einzugehen, durch Erfolg und Macht korrumpiert zu werden.

Sehr verbreitet ist auch die Angst, dass unsere Macht und unser Erfolg bei anderen Eifersucht oder Neid hervorrufen könnten. Daneben gibt es die Angst, weltliche Macht könnte uns in Versuchung führen und uns von den Dingen ablenken, auf die es unserer Ansicht nach im Leben wirklich ankommt, etwa unser Zuhause, die Familie, Einfachheit und Spiritualität.

Diese Ängste haben durchaus ihre Berechtigung und sollten daher nicht verdrängt oder ignoriert werden. Man muss sie anerkennen und mit ihnen arbeiten. Ein Schlüssel hierzu liegt in der Erkenntnis, dass wir nicht von einem Extrem ins andere fallen müssen. Wir brauchen uns nicht völlig vom Streben nach weltlicher Macht gefangen nehmen lassen und können doch unsere persönliche Macht sinnvoll nutzen; wir sollten nach innerem Gleichgewicht streben. Weiter hinten im Buch werde ich ausführlicher auf diese Problematik eingehen.

Hier ist ein weiteres Muster, das immer wieder auftaucht: Wenn wir als Kinder nicht genügend Liebe und Fürsorge erhalten haben, sehnt sich unser kindlicher Persönlichkeitsanteil immer noch nach dieser ihm vorenthaltenen elterlichen Fürsorge. Das Kind in uns, dessen Existenz uns für gewöhnlich nicht bewusst ist, hat das Gefühl, dass es nie mehr ausreichend Fürsorge erhalten wird, wenn wir erwachsen, unabhängig und erfolgreich werden. Auch wenn wir uns auf der bewussten Ebene den Erfolg wünschen, kann das Kind in uns immer wieder diesen Erfolg sabotieren, weil es fürchtet, dann niemals die Liebe zu erhalten, nach der es sich sehnt. Statt dessen entwickelt sich ein Muster ständigen Versagens, begleitet von der Hoffnung, eines Tages werde jemand kommen, der für uns sorgt. Dieser Wunsch ist an sich nicht schlecht – er ist gut nachzuvollziehen –, aber wir sollten uns diese Sehnsucht bewusst eingestehen.

Denn nur wenn wir uns dieses innere Muster bewusst machen, können wir eine Heilung herbeiführen. Wir müssen uns der unerfüllten Bedürfnisse unseres inneren Kindes bewusst werden und lernen, selbst gut für dieses Kind zu sorgen. Dazu zählt auch, andere um Hilfe und Fürsorge zu bitten, wenn das angemessen ist. Wenn das Kind spürt, dass es so viel Liebe und Fürsorge bekommt, wie es braucht, wird es nicht länger versuchen, uns vom Gebrauch unserer persönlichen Macht abzuhalten.

Auch hier sollten wir wieder nach einem inneren Gleichgewicht streben – verletzlich genug sein, um unsere seelischen Bedürfnisse zu spüren, *und* stark genug, um die Verantwortung für uns selbst zu übernehmen. Je besser wir mit unserer natürlichen Macht wie auch unserer Verletzlichkeit umgehen können, desto angenehmer wird es für uns sein, über Geld zu verfügen, und desto leichter werden wir es in unser Leben ziehen.

Hier ist eine Übung, die Ihnen dabei helfen kann, sich Ihrer Gefühle bezüglich Macht und finanziellem Wohlstand bewusst zu werden:

Nehmen Sie Papier und Stift zur Hand. Lassen Sie sich für die Übung mindestens zwanzig bis dreißig Minuten Zeit. Ergänzen Sie die folgenden Sätze. Grübeln Sie nicht lange nach, sondern notieren Sie, was Ihnen spontan in den Sinn kommt, ohne die Antworten zu bewerten. Sie können diese Übung immer wieder machen, über Wochen und Monate hinweg, um zu sehen, ob und wie sich Ihre innere Einstellung verändert hat.

Wenn ich zu mächtig werde, könnte ich ...

_____

_____

Wenn ich zu mächtig werde, könnte ich nicht mehr ...

_____

_____

Meine Mutter hält Macht für ...

_____

_____

Mein Vater hält Macht für …
___
___

Mächtige Menschen sind …
___
___

Macht ist gefährlich, wenn …
___
___

Eine mächtige Frau ist …
___
___

Ein mächtiger Mann ist …
___
___

Keine Macht zu besitzen hat den Vorteil, dass …
___
___

Wenn ich reich und erfolgreich wäre, würde ich …
___
___

Wenn ich reich und erfolgreich wäre, würde ich nicht …
___
___

Wenn Sie wollen, können Sie diese Übung auch zusammen mit einem Freund oder einer Freundin machen und dann Ihre Antworten vergleichen und besprechen. Oder Sie machen sich ausführliche Notizen über die Gefühle, die sich während der Übung einstellten, und über die Erkenntnisse, zu denen Sie dadurch gelangt sind.

Geld als Lehrmeister

Wie ich bereits erläuterte, ist die äußere Realität, die wir erfahren, ein Spiegelbild unserer inneren Realität. Alles, was sich »dort draußen« abspielt, reflektiert die seelischen Vorgänge in uns. In der Regel sind wir uns unserer Kernglaubenssätze kaum bewusst, und das gilt auch für unsere grundlegenden Annahmen über das Leben, unsere tief sitzenden Gefühle und emotionalen Muster. Die äußere Realität ist ein Feedback-System, das uns helfen kann, mehr Bewusstheit bezüglich unserer inneren Vorgänge zu entwickeln.

Daher kann alles, was wir in der Außenwelt erleben, ein Geschenk für uns sein – eine Gelegenheit, mehr über uns selbst herauszufinden, vollständiger zu werden und zu wachsen.

Am leichtesten können wir daher eine positive Beziehung zum Geld aufbauen, wenn wir es als Lehrer betrachten. Gehen Sie davon aus, dass sich in allem, was Ihnen in finanzieller Hinsicht widerfährt, Ihre eigenen inneren Prozesse spiegeln, so dass Sie aus Ihren Geldproblemen lernen und sich weiterentwickeln können.

Unabhängig von Ihrem Einkommensniveau kann man sagen, dass sich eine insgesamt gut funktionierende Lebensweise in harmonischen finanziellen Verhältnissen spiegelt. (Möglicherweise bekommen Sie aber gleichzeitig aus anderen Lebensbereichen, etwa der Gesundheit oder den zwischenmenschlichen Beziehungen, Signale, die auf eine notwendige innere Heilungsarbeit hindeuten.)

Wenn Sie sich finanziellen Schwierigkeiten gegenübersehen, spiegelt sich darin etwas in Ihnen, das Sie sich bewusst machen sollten, und es macht deutlich, dass Veränderungen in Ihrem Denken und Handeln ratsam sind. Die erforderliche Heilung mag sich auf Ihr Verhältnis zu Geld oder Macht beziehen, sie kann aber auch einen völlig anderen Lebensbereich betreffen. Die Botschaft könnte zum Beispiel darin bestehen, dass Sie besser für sich selbst sorgen und sich mehr um Ihre seelischen Bedürfnisse kümmern sollten.

Dieser Lernprozess kann auch äußeres Handeln erforderlich machen, was jedoch nicht immer der Fall sein muss. In jedem Fall geht es aber darum, dass Sie Ihre innere Bewusstheit erhöhen. Wenn Sie auf diese Weise vorgehen, kann selbst eine scheinbare Krise sich als wunderbare Chance für Heilung und Wachstum erweisen.

Meine Freundin Liz, eine allein erziehende Mutter, hatte zum Beispiel über Jahre hinweg einen sicheren, gut bezahlten Job in einem Steuerberatungsbüro. Die Arbeit begann sie schließlich ein wenig zu langweilen, sie konnte sich aber nicht zu einer Kündigung entschließen, weil dieser Arbeitsplatz ihr so viel finanzielle

Sicherheit bot. Dann wurde ihr ganz plötzlich gekündigt. Sie war wütend und fühlte sich betrogen. Auch ängstigte sie sich, weil sie nicht wusste, wie sie nun ihren Lebensunterhalt verdienen und für ihre Kinder sorgen sollte. Das Ganze kam ihr wie eine schreckliche Katastrophe vor.

Als sie den Dingen stärker auf den Grund ging und versuchte, das Positive der Situation zu sehen, wurde ihr klar, dass sie sich an ihrem Arbeitsplatz wie in einem Gefängnis gefühlt hatte, weil sich ihr dort keine Entwicklungsmöglichkeiten mehr boten. Von sich aus hätte sie aber nie den Mut zur Kündigung aufgebracht, aus der Angst heraus, nie wieder eine ähnlich sichere Arbeit zu finden.

Zwar hatte sie davon geträumt, etwas anderes zu machen, aber sie hatte nicht den Mut gehabt, den Sprung ins kalte Wasser zu wagen. Nun, den drohenden finanziellen Ruin vor Augen, war sie gezwungen, neue Schritte zu wagen. Ihre Seele hatte einen Weg gefunden, sie zur Fortsetzung ihrer evolutionären Reise zu bewegen.

Liz ging zu einer guten Therapeutin, die ihr half, etwas emotionale Heilungsarbeit zu leisten und sich von Verhaltensmustern zu befreien, die sie unbewusst von ihren Eltern übernommen hatte. Ihre Eltern hatten während der Wirtschaftskrise in den dreißiger Jahren schwere Zeiten durchmachen müssen und seither immer mit großen Existenzängsten zu kämpfen gehabt.

Nach einigem Hin und Her machte sich Liz als Wirtschaftsberaterin selbstständig. So konnte sie ihr bereits erworbenes Wissen sinnvoll einsetzen und zugleich neue Fähigkeiten entwickeln. Ihr Leben ist jetzt etwas weniger abgesichert, dafür aber viel aufregender und erfüllter.

Aus dieser Erfahrung lernte Liz, dass sie einige emotionale Heilungsarbeit bezüglich ihrer Lebensängste leisten und außerdem neue berufliche Fähigkeiten erwerben musste. Ihre finanzielle Krise erwies sich als Geschenk, durch das sich ihr Leben längerfristig zum Besseren veränderte.

Ich könnte Ihnen Hunderte vergleichbarer Geschichten erzählen. Viele Menschen haben mir geschrieben oder bei Seminaren berichtet, wie ihre Bereitschaft, den tieferen Sinn in scheinbaren Misserfolgen zu finden und aus allen Ereignissen im Leben zu lernen, ihnen immer wieder geholfen hat, Heilung zu erfahren und ihr persönliches Potenzial zu entfalten.

Wenn wir unserem intuitiven Gefühl dafür folgen, was wahr und richtig für uns ist, und tun, was uns Freude und Energie schenkt, scheinen wir immer über genug Geld zu verfügen, um zu sein, zu tun und zu haben, was wir uns wirklich wünschen. Das hat sich in meinem eigenen Leben immer wieder bestätigt, ebenso wie im Leben vieler anderer Menschen, die ich kenne. Wenn wir dem Fluss unserer Energie folgen, scheint das Universum uns stets finanziell zu unterstützen, manchmal auf sehr überraschende und unerwartete Weise.

Und noch etwas habe ich gelernt: Wenn wir uns mit echter Hingabe unserem persönlichen Wachstum widmen und dabei das Gefühl haben, etwas für unsere Heilung und unser Wachstum tun zu müssen, haben wir immer genug Geld dafür – wenn die betreffende Sache wirklich gut für uns ist. Viele Leute haben mir erzählt, dass ganz unverhofft ein Scheck in der Post war, wenn ihnen das Geld für ein Seminar fehlte, an dem sie gerne teilnehmen wollten. Ich glaube, wenn eine Sache wirklich gut für uns ist, ist auch das Geld dafür in Reichweite. Haben wir das Geld nicht, ist die Sache nicht wirklich gut für uns, jedenfalls nicht zu diesem Zeitpunkt.

Es stimmt ganz sicher, dass viele Menschen reich werden, ohne sonderlich bewusst zu leben. Das liegt daran, dass wir nahezu alles in unserem Leben manifestieren können, wenn wir uns stark genug darauf konzentrieren. Dies mag der Weg, der Lernprozess sein, für den die Seele dieser Menschen sich in diesem Leben entschieden hat. Solches auf eher unbewusste Weise erworbenes Geld verhilft dem Besitzer aber in der Regel nicht zu einem Gefühl wahren Wohlstandes.

Auch trifft es zu, dass manche Menschen viel Geld erwerben, dann aber von ihrem Reichtum überfordert sind und nicht damit umgehen können. Ihre Probleme sind dann Teil des Lernprozesses, eine Art Weckruf, der sie auf überlebte Denk- und Verhaltensmuster aufmerksam macht.

Haben wir uns aber einmal einem Pfad des Bewusstseinswachstums verschrieben, manifestieren wir in der Regel nur Geldsummen, mit denen wir auch verantwortungsbewusst umgehen können – genug, um angenehm zu leben und einen gesunden Wachstumsprozess zu entfalten, aber nicht so viel, dass wir auf unserer

Reise abgelenkt oder gar völlig aus der Bahn geworfen werden. Je mehr dann unsere Fähigkeit wächst, mit Energie und Macht sinnvoll umzugehen, desto mehr wachsen auch unsere finanziellen Reserven. Normalerweise verfügen wir über genau das Geld, das wir brauchen, um tun zu können, was gegenwärtig richtig für uns ist. Wenn wir unserem Herzen folgen, werden wir diesen harmonischen Fluss des Geldes in unserem Leben als wahren Reichtum empfinden.

Aus Fehlern lernen

Die meisten von uns haben irgendwann einmal eine finanzielle Dummheit begangen – indem sie den falschen Leuten vertrauten, naiv waren oder was auch immer. Oder unsere Schulden wuchsen uns über den Kopf, geschäftliche Transaktionen schlugen fehl, möglicherweise gingen wir sogar bankrott. Mit anderen Worten, wir alle haben schon einmal herbe finanzielle Einbußen verkraften müssen. Eine solche Erfahrung kann sehr schmerzhaft, erschreckend und peinlich sein.

Als ich einmal viel Geld in eine Sache investiert hatte, die sich als Fehlschlag erwies, und deswegen begreiflicherweise völlig außer mir war, sagte ein befreundeter Anlageberater zu mir: »Nimm es doch einfach als Chance, aus Fehlern zu lernen! Wenn du die richtigen Lehren daraus ziehst, hat es sich trotz allem gelohnt.«

Die Idee, dass es darum geht, aus seinen Fehlern zu lernen, ist mir seither immer wieder ein großer Trost gewesen, wenn ich in Gelddingen Entscheidungen traf, die sich hinterher als falsch erwiesen. Heute weiß ich, dass solche Verluste dann von Wert sein können, wenn man bereit ist, die entsprechenden Lehren aus ihnen zu ziehen.

Wenn Ihnen also in letzter Zeit eine finanzielle Fehlentscheidung unterlaufen ist, sollten Sie die Verluste einfach als »Studiengebühr an der Universität des Lebens« betrachten. Bemühen Sie sich, aus diesem Fehlschlag so viel wie irgend möglich zu lernen. Denken Sie immer daran, dass das Geld ein ausgezeichneter Lehrer sein kann. Wenn Sie sich als gelehriger Schüler erweisen, werden Ihre anfänglichen Fehlinvestitionen sich langfristig auszahlen, indem sie Ihnen zu Wissen und Verantwortungsbewusstsein in finanziellen Angelegenheiten verhelfen.

4. Kapitel

Der richtige Umgang mit den Polaritäten des Lebens

Ein Schlüssel zur Erschaffung wahren Reichtums besteht darin, die vielen unterschiedlichen Energien in uns zu erkunden, zu entwickeln und miteinander ins Gleichgewicht zu bringen. In diesem und den beiden folgenden Kapiteln werde ich erläutern, wie wir das erreichen können.

Die physische Welt setzt sich aus Dualitäten zusammen. Das Leben auf der Erde beinhaltet eine unendliche Zahl von Polaritäten. Zu jeder Wahrheit gibt es eine ihr entsprechende gegenteilige Wahrheit. Jede Energie hat ihr Gegenteil.

Jeder einzelne Mensch ist ein Mikrokosmos des gesamten Universums; wir tragen von Geburt an alle potenziellen Energien und Archetypen des Lebens in uns. Eine der größten Herausforderungen in unserer persönlichen Entwicklung besteht darin, möglichst viele dieser Energien angemessen zum Ausdruck zu bringen und in unser Leben zu integrieren. Je mehr Aspekte unseres Selbst wir entdecken und ausdrücken, desto reicher und erfüllter ist unser Leben. Dazu müssen wir lernen, die Polaritäten unserer Existenz zu akzeptieren und ins Gleichgewicht zu bringen.

Wir wollen hier einmal ein Beispiel für ein solches Paar gegensätzlicher Energien näher betrachten.

Macht und Verletzlichkeit

Jeder von uns ist mit einer ihm angeborenen persönlichen Macht ausgestattet. Mit diesem Potenzial kommen wir auf die Welt; unsere Aufgabe besteht darin, es für uns zu beanspruchen, es zu entwickeln und Freude daran zu finden, es auf die uns eigene, einzigartige Weise zum Ausdruck zu bringen.

Gleichzeitig sind wir aber auch alle zutiefst verletzlich. Als menschliche Wesen haben wir Bedürfnisse und Gefühle, die uns sensibel und von anderen abhängig machen. Früher oder später müssen wir lernen, unsere Verletzlichkeit ebenso zu akzeptieren wie unsere Stärke – und für unsere diesbezüglichen Bedürfnisse selbst die Verantwortung zu übernehmen.

Macht und Verletzlichkeit sind gegensätzliche Energien. Unsere Macht ist die Fähigkeit, die Welt um uns herum nach unseren Bedürfnissen zu beeinflussen. Unsere Verletzlichkeit ist die Fähigkeit, uns selbst von der Welt um uns herum beeinflussen zu lassen. Um das Leben in seinem ganzen Reichtum erfahren zu können, müssen wir beide Polaritäten akzeptieren. Dass wir lernen, mit diesem Paradox zu leben, gehört zu den größten Herausforderungen des menschlichen Daseins: Wir sind zugleich extrem mächtig und extrem verletzlich. Es existieren noch viele ähnliche Paradoxa in uns. Nur wenn wir sie alle akzeptieren, können wir wahre Heilung erfahren.

Eine solche Sicht des Lebens ist für die meisten von uns nicht sehr vertraut. In der modernen westlichen Zivilisation pflegen wir die Dualitäten des Lebens sehr linear und polarisiert zu betrachten. Statt sie ganzheitlich zu sehen – als gleichwertige Aspekte eines größeren Ganzen –, bewerten wir sie als gut oder schlecht, richtig oder falsch. Aus einer solchen Perspektive halten wir es für erforderlich, dass wir *zwischen den Gegensätzen wählen*, statt dass wir *beide Pole akzeptieren und wertschätzen*. Stets sind wir damit beschäftigt, zu entscheiden, welche Seite einer Polarität richtig, gut, wahr oder die bessere ist. Dann bemühen wir uns, diesen Pol einseitig zu fördern, während wir danach trachten, sein Gegenteil loszuwerden, das, was wir für schlecht oder falsch halten.

Das führt nicht nur dazu, dass wir über uns selbst und andere urteilen, sondern ruft auch ständige innere Konflikte hervor. Da uns alle Lebensenergien angeboren und ein fester Bestandteil unseres Wesens sind, können wir keine von ihnen loswerden, so sehr wir uns auch bemühen. Wenn wir versuchen, einer dieser Qualitäten gegenüber einer anderen den Vorzug zu geben, führt das zu inneren Kämpfen (die sich übrigens in den vielen von uns in der äußeren Welt angezettelten Kriegen widerspiegeln).*

Nehmen wir die Polarität, von der bereits die Rede war – Macht und Verletzlichkeit. In unserer Gesellschaft gilt Macht weithin als erstrebenswert und wird respektiert, während Verletzlichkeit als Schwäche angesehen wird und mit Scham und Schuldgefühlen verknüpft ist. Wegen dieses kulturellen Vorurteils

---

* Weitere Informationen hierzu finden Sie in meinem Buch *Wege der Wandlung*.

bemühen sich die meisten von uns, Macht und Stärke zu entwickeln, während wir unsere Verletzlichkeit zu verbergen oder gar auszumerzen versuchen. Das gilt besonders für Männer, weil die kulturellen Vorbehalte gegen Männer, die Schwäche und Verletzlichkeit zeigen, enorm groß sind.

Das Problem bei dieser Haltung besteht darin, dass wir als Menschen nun einmal verletzlich *sind*. Auch wenn wir unsere Verletzlichkeit zu verdrängen versuchen, besteht sie weiterhin, sodass wir gezwungen sind, einen Teil von uns zu verleugnen. Noch trauriger ist, dass wir uns damit eines unverzichtbaren Elements für ein befriedigendes Leben berauben. Unsere Verletzlichkeit ist es, die uns sensibel und aufnahmebereit macht; ohne sie können wir keine Liebe empfangen, keine wirkliche Intimität erleben und keine Erfüllung finden.

Menschen, die sich übermäßig mit Macht und Stärke identifizieren und ihre Verletzlichkeit leugnen, können eine Menge erreichen. Aber sie sind nicht wirklich in der Lage, die spirituellen und emotionalen Geschenke des Lebens zu empfangen, und haben häufig das Gefühl, dass ihr Leben, trotz aller äußeren Erfolge, leer und ohne Sinn ist.

Obwohl in unserer Kultur das Streben nach Macht und Stärke dominiert, schlagen doch auch viele Menschen bewusst oder unbewusst einen entgegengesetzten Weg ein. Besonders dann, wenn wir in der Kindheit leidvolle Erfahrungen mit Personen machen mussten, die ihre Macht missbrauchten, neigen wir dazu, unsere eigene Macht abzulehnen. Aus der Angst heraus, unsere Macht könnte von anderen als Bedrohung empfunden werden oder wir könnten tatsächlich anderen Schaden zufügen, identifizieren wir uns ausschließlich mit unserer Schwäche und Verletzlichkeit.

Leider ist diese Haltung ebenso einseitig wie die zuvor beschriebene. Ohne Macht können wir unsere Lebensziele nicht erreichen, der Welt nichts von unseren Talenten schenken, nicht für uns selbst und andere sorgen. Ein Mensch, der sich im Übermaß mit seiner Verletzlichkeit identifiziert, wird oft zum Opfer anderer Leute oder der Lebensumstände.

Wie wir bereits im vorigen Kapitel erörterten, kann eine übermäßige Identifikation mit Macht oder mit Verletzlichkeit oft zu Problemen im finanziellen Bereich führen. Wenn wir uns ganz mit Macht und Stärke identifizieren, jagen wir möglicherweise verbissen dem Geld hinterher und vernachlässigen darüber andere wichtige Lebensaspekte. Identifizieren wir uns ganz mit Schwäche und Verletzlichkeit, blockieren wir dadurch unser Potenzial und hindern uns daran, Geld zu verdienen und Erfolg zu haben.

Alle Energien wertschätzen

Der Versuch, sich für eine von zwei Polaritäten zu entscheiden – bestimmte Eigenschaften als »gut« und »positiv« und andere als »schlecht« oder »negativ« zu bewerten – führt dazu, dass in unserem Leben ein schmerzhaftes, frustrierendes Ungleichgewicht entsteht.

Das Leben konfrontiert uns immer wieder mit unseren Einseitigkeiten und Vorurteilen und drängt uns – manchmal sanft, manchmal aber auch mit einem kräftigen Stoß – in Richtung größerer Ausgewogenheit. Wenn Sie sich übermäßig mit Macht und Stärke identifizieren, werden Sie vielleicht krank, oder Ihr Lebenspartner verlässt Sie – was Sie zwingt, sich Ihrer Verletzlichkeit bewusst zu werden und sich mit ihr auszusöhnen. Wenn Sie Ihre persönliche Macht ablehnen, kann es gut sein, dass das Leben Sie in eine Situation zwingt, in der Sie für Ihre Überzeugungen einstehen müssen oder dazu herausgefordert werden, Ihre Kräfte zu mobilisieren.

Daher müssen wir lernen, alle Energien des Lebens gleichermaßen wertzuschätzen. Wir müssen begreifen, dass es zu jeder Wahrheit ein gleichwertiges Gegenstück gibt. Wenn wir mit einem solchen Gegensatzpaar konfrontiert sind – beispielsweise Intellekt und Intuition –, müssen wir den Wert beider Pole anerkennen und die Fähigkeit entwickeln, beides in unser Leben zu integrieren. Wenn es uns gelingt, mit allen Aspekten unseres Wesens Freundschaft zu schließen, steht uns die volle Bandbreite unserer Energien zur Verfügung. Dann sind wir nicht in einem starren Rollenverhalten gefangen und können weitaus kreativer und angemessener auf die Anforderungen des Lebens reagieren.

Wie steht es nun damit, dass uns manche Energien als durch und durch negativ erscheinen? Wenn Sie zum Beispiel ein Mensch sind, der gewohnheitsmäßig sehr hart arbeitet, ist das Gegenteil von harter Arbeit für Sie vermutlich Faulheit. Dann denken Sie möglicherweise:

»Was könnte Faulheit denn für einen Wert haben? Wieso soll ich der Faulheit etwas Positives abgewinnen? Harte Arbeit ist doch ganz offensichtlich gut, Faulheit dagegen schlecht!« Um hier einen Schritt weiterzukommen, müssen Sie genauer hinschauen, was sich hinter den Wertungen verbirgt, mit denen Sie diese Polarität beschreiben. Welche essenzielle Qualität verbirgt sich hinter dem wertenden Wort »faul«? Wenn Sie einmal alle Wertungen beiseite lassen, gelangen Sie zu dem Schluss, dass man diese Qualität auch so beschreiben könnte: »Die Fähigkeit, sich zu entspannen.« Ist es nicht denkbar, dass Sie als hart arbeitender Mensch durchaus von der Fähigkeit, sich zu entspannen, profitieren könnten? Wenn ja, dann müssen Sie diese Qualität anerkennen und sich bewusst machen, dass sie für Sie von Wert ist.

Denken Sie daran, dass es um inneres Gleichgewicht geht, nicht darum, irgend etwas loszuwerden und über Bord zu werfen. Wir müssen zu einer funktionsfähigen Balance zwischen den inneren Energien gelangen, die uns zu mehr Erfüllung und Zufriedenheit verhilft.

Das ist kein leicht zu verwirklichendes Konzept; unsere inneren Gegensätze zu integrieren erfordert Aufmerksamkeit und Einsicht. Vielleicht können Ihnen die folgenden Diagramme veranschaulichen, worum es geht.

Das erste Diagramm auf der folgenden Seite gibt ein Beispiel dafür, wie wir vielleicht bisher über bestimmte Gegensätze gedacht haben:

Diagramm 1: Wertende Sichtweise

POSITIVE QUALITÄTEN *erwünscht*	NEGATIVE QUALITÄTEN *unerwünscht*
fleißig	faul
stark	schwach
fürsorglich	selbstsüchtig
verantwortungsbewusst	verantwortungslos
vernünftig	unvernünftig
organisiert	chaotisch

Diagramm 2: Integrierende Sichtweise

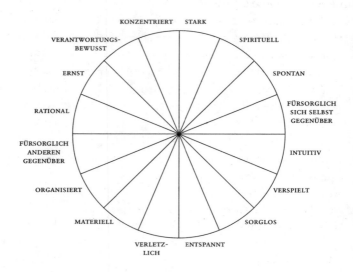

DAS ALLES IST TEIL MEINES WESENS.

Ich brauche und wünsche mir alle diese Qualitäten.

Diagramm 2 zeigt die ganzheitliche, integrierende Perspektive – die Gegensätze sind dabei Teil des Ganzen.

An diesem Punkt fragen Sie sich vielleicht: »Und was hat das mit Reichtum zu tun?« Meine Antwort lautet: »Eine ganze Menge!«

Bedenken Sie, dass Reichtum in erster Linie bedeutet, über das zu verfügen, was wir uns von Herzen wünschen. Wenn wir nicht im Gleichgewicht sind – uns zu sehr mit bestimmten Energien identifizieren und die gegensätzlichen Aspekte ablehnen –, dann erscheint uns das Leben einseitig, beschränkt und frustrierend. Wir stecken in alten Rollen und Mustern fest. Reich fühlen wir uns dann ganz gewiss nicht.

Je mehr wir lernen, alle Aspekte unseres Seins zum Ausdruck zu bringen, je mehr Freiheit, Zufriedenheit und Ganzheit wir erfahren, desto reicher fühlen wir uns.

Da sich in unserem Leben unser Bewusstseinszustand widerspiegelt, wird unsere Welt um so besser funktionieren, je ausgewogener und integrierter wir uns innerlich fühlen. Ein Gefühl des Wohlstandes und der finanziellen Sicherheit zeigt an, dass es um unser inneres Gleichgewicht gut bestellt ist.

5. Kapitel

Die Gegensätze erforschen

Schauen wir uns erst einmal einige der Polaritäten genauer an, die wir ins Gleichgewicht bringen müssen, um uns wirklich reich fühlen zu können. Anschließend werden wir erörtern, wie man ein solches Gleichgewicht erreichen kann.

Aktiv und rezeptiv

Ein sehr wichtiges Paar gegensätzlicher Energien in uns sind der aktive und der rezeptive (oder der dynamische und der magnetische) Aspekt. Ich bezeichne diese beiden oft als das grundlegende maskuline und feminine Prinzip des Universums.

Jeder Mensch, Mann oder Frau, trägt beide Aspekte in sich. Wir müssen beide Energien entwickeln und sie harmonisch zusammenarbeiten lassen, statt einen Konflikt zwischen ihnen zu erzeugen.

Es gibt zwei grundlegende Möglichkeiten, Macht auszuüben und das zu bekommen, was wir uns im Leben wünschen:
- Der aktive Weg besteht darin, sein Ziel handelnd zu verfolgen, es durch eigenes Tun zu verwirklichen.

- Der rezeptive (empfangende) Weg besteht darin, das Gewünschte anzuziehen, es zu magnetisieren, es geschehen zu lassen.

Der aktive Modus erfordert Konzentration, Aggressivität, Selbstsicherheit, Hartnäckigkeit, Handlungsfähigkeit und die Bereitschaft, Risiken einzugehen.

Der rezeptive Modus erfordert Offenheit, Verletzlichkeit, Vertrauen, die Fähigkeit, passiv zu sein, und die Bereitschaft, Dinge geschehen zu lassen und Geschenke anzunehmen.

Gemäß dem traditionellen gesellschaftlichen Rollenverhalten galt die aktive Polarität immer als typisch männlich und die rezeptive Polarität als typisch weiblich. Der Mann war dafür verantwortlich, draußen in der Welt den Lebensunterhalt zu verdienen und durch aktiven Einsatz Frau und Kinder zu ernähren. Sein Leben war in erster Linie darauf ausgerichtet, Fähigkeiten zu erwerben, die es ihm ermöglichten, seiner Rolle als Ernährer nachzukommen, sei es, indem er auf die Jagd ging, oder durch Ausübung eines Berufes.

Die Frau musste einen Ehemann finden, der sie beschützte und ernährte. Ihr Leben war darauf ausgerichtet, den besten (tüchtigsten) Partner in ihr Leben zu ziehen, der gut für sie und ihre künftigen Kinder sorgen konnte.

Im Haushalt verhielten sich die Dinge oft umgekehrt – was nicht überrascht, da das Leben stets nach irgendeiner Form des Ausgleichs strebt. Hier war die Frau dafür verantwortlich, sich um Mann und Familie zu kümmern, das Essen zuzubereiten, Kleidung herzustellen und für emotionalen Rückhalt zu sorgen. Im Gegenzug wurde vom Mann erwartet, dass er zu Hause auf diese Weise Unterstützung und Fürsorge von der Frau *passiv annahm*.

Dieses traditionelle System funktionierte für lange Zeit relativ gut, hatte aber seine Nachteile. Beide Geschlechter waren an einengende Rollenmuster gebunden, so dass es nur wenig Raum für persönliche Erweiterung gab und der einzelne Mensch keine Möglichkeit hatte, beide Polaritäten vollständig in sich zu entfalten.

Zum gegenwärtigen Zeitpunkt unserer Evolution stehen wir nun vor der Herausforderung, in uns selbst beide Aspekte zu entwickeln und sie in unser Leben zu integrieren, so dass wir fähig werden, sie angemessen zu nutzen und einzusetzen.

Die meisten von uns identifizieren sich stärker mit einer der beiden Polaritäten, der aktiven oder der rezeptiven. Wir haben Zeit und Energie darin investiert, diesen Aspekt zu entwickeln, und fühlen uns mit ihm am wohlsten. Auf diesem Weg waren wir bislang erfolgreich, in diesem Bereich kennen wir uns aus.

Verharren wir aber auf Dauer in dieser übermäßigen Identifikation mit einem der beiden Pole, begrenzt das unsere Erfahrungsmöglichkeiten und führt zu Schmerz und Frustration. Falls wir hauptsächlich im aktiven Modus leben, gelangen wir zwar möglicherweise zu großen Erfolgen, jedoch um den Preis, dass wir das Leben als ständigen Kampf erleben und irgendwann völlig erschöpft zusammenbrechen. Sind wir auf den rezeptiven Modus fixiert, ziehen wir zwar möglicherweise viele Menschen und gute Gelegenheiten an, haben aber Probleme, die jeweils nötigen aktiven Schritte zu unternehmen, und fühlen uns deshalb deprimiert oder dem Leben nicht gewachsen.

Wir sollten uns also bewusst fragen, welchen Modus wir bevorzugt anwenden, und lernen, auch die gegensätzliche Energie in uns zu entwickeln. Im Leben der meisten wirklich erfolgreichen und wohlhabenden Menschen kommen beide Pole ausgewogen zum Ausdruck.

Unsere Kultur neigt, wie gesagt, sehr dazu, die aktive, männliche Energie zu betonen, so dass diese Energie besser verstanden, respektiert und anerkannt wird.

Ich selbst bin ein gutes Beispiel für einen Menschen, der die aktive Polarität stark entwickelt hat. Ich verstehe mich gut darauf, entschlossen Projekte voranzutreiben. Ich kann nahezu alles verwirklichen, was ich mir einmal in den Kopf gesetzt habe. Diese Seite in mir ist sehr ausgeprägt und dominant; sie hat mir geholfen, viel im Leben zu erreichen und sehr erfolgreich zu werden.

Andererseits neige ich dazu, mir zu viel zuzumuten und mich allzu sehr zur Arbeit anzutreiben. Wenn das geschieht, kommt mir mein Leben wie eine Tretmühle vor, und ich fühle mich ausgebrannt und erschöpft.

Das ist für mich immer ein deutliches Signal, für eine Weile vom aktiven auf den rezeptiven Modus umzuschalten – mich zu entspannen, mir Freude und Erholung zu gönnen und darauf zu vertrauen, dass sich die Dinge ganz von selbst zu meinen Gunsten entwickeln. Wenn ich aktiv auf meine Ziele hinarbeite, erreiche ich möglicherweise, was ich *will*, aber wenn ich *zulasse*, dass sich die Dinge von selbst entwickeln, gebe ich der höheren Macht des Universums Gelegenheit, mir mehr zu geben, als ich mir je hätte vorstellen können. Das rufe ich mir in solchen Zeiten ins Gedächtnis. Tatsächlich laufen die Dinge für mich meistens sogar viel besser, wenn ich nicht versuche, alles persönlich zu kontrollieren!

Im Lauf der Jahre habe ich allmählich gelernt zu unterscheiden, wann es angebracht ist, mit meiner aktiven Energie tatkräftig vorwärtszugehen, und wann ich mich besser entspanne und rezeptiv bin. Dadurch ist mein Leben viel harmonischer und ausgeglichener als früher, was bewirkt, dass ich in allen Lebensbereichen größeren Wohlstand erfahre. Dennoch treten immer wieder neue Herausforderungen auf, die mich ermuntern, meine innere Balance und Integration weiter zu vervollkommnen. Die Feinabstimmung dieser inneren Kräfte ist ganz sicher etwas, das einen das ganze Leben hindurch beschäftigt.

Geben und empfangen

Unsere Fähigkeit, zu geben und zu empfangen, ist der Schlüssel dazu, wahren Reichtum zu erschaffen und zu genießen.

Wir alle kommen mit bestimmten Gaben auf diese Welt. Diese Gaben bestehen aus unseren individuellen Talenten, Interessen und Wesenszügen ebenso wie aus allgemein menschlichen Charakteristiken, etwa unserer Fähigkeit, zu lieben und füreinander zu sorgen.

Diese Gaben können wir unseren Mitmenschen und der Welt am besten zukommen lassen, indem wir uns nach Kräften bemühen, unsere persönliche Wahrheit zu leben und eine möglichst authentische Form des Selbstausdrucks zu finden.

Im Gegenzug erhalten wir Anerkennung, Lob, Wertschätzung, Anteilnahme, Liebe, und unter gewissen Umständen auch Geld oder andere materielle Belohnungen. Das, was wir auf diese Weise von anderen empfangen, ermöglicht es uns, die Lebenskraft wieder aufzufüllen, die wir selbst zuvor aufgewendet haben. So können wir auch weiterhin geben.

Empfangen und Geben sind also gegensätzliche Energien, die untrennbar miteinander verknüpft sind. Sie gehören ebenso zum natürlichen Fluss des Lebens wie Einatmen und Ausatmen. Wenn der eine Aspekt dieses Zyklus nicht funktioniert, kommt der gesamte Kreislauf zum Erliegen, und die Lebenskraft kann nicht frei fließen. Wenn Sie nicht einatmen können, werden Sie schon bald nichts mehr zum Ausatmen haben, und Ihr Körper kann nicht weiterleben.

Das erscheint recht einfach und einleuchtend, und doch herrscht auf diesem Gebiet eine enorme Verwirrung. Viele von uns haben Probleme mit dem Geben, mit dem Empfangen oder mit beidem.

Meiner Erfahrung nach ist die Unfähigkeit, wirklich zu empfangen, dabei besonders verbreitet. Es gibt viele Gründe dafür, dass das Empfangen vielen von uns so schwerfällt. Ein wichtiger Faktor ist zweifellos unsere kulturelle Konditionierung. Geben gilt allgemein als gut und lobenswert. Empfangen oder Nehmen scheint der Selbstsucht gefährlich nahe zu kommen, die für die meisten von uns einen sehr negativen Beigeschmack hat.

Hierbei spielen unsere traditionellen religiösen Werte eine wichtige Rolle. Wenn das Leben auf der Erde Sünde und Leid bedeutet oder als Illusion angesehen wird, aus der es sich zu befreien gilt, dann geraten wir immer tiefer in die Falle, je mehr wir von der Welt nehmen oder besitzen wollen. Je weniger wir wollen, desto freier sind wir, ins Reich der Spiritualität einzugehen. Gemäß diesem spirituellen Ideal sollten wir danach streben, nichts zu brauchen und keine Wünsche zu haben. Diese Idee ist in unserer Kultur so vorherrschend, dass selbst Leute, die sich nicht für religiös halten, als Idealbild eines guten Menschen eine altruistische Person vor Augen haben, die gibt, ohne eine Gegenleistung zu erwarten, und selbst wunschlos glücklich ist.

Dieses Ideal ist völlig unrealistisch, da jeder Mensch, der versucht, nur die eine Seite dieser Polarität zu leben, und seine natürlichen menschlichen Bedürfnisse und Wünsche verleugnet, zwangsläufig Probleme mit seinem Schatten bekommt. Aus diesem Grund werden so viele religiöse Führer und Institutionen in Skandale verwickelt, bei denen es fast immer um Sex, Geld oder Macht geht. Wir glauben, dass diese weltlichen Dinge wahrhaft spirituellen Menschen nichts bedeuten sollten. Aber wenn wir versuchen, irgendeines unserer natürlichen menschlichen Bedürfnisse zu leugnen, verwandelt es sich zu einer Schattenseite, die uns hartnäckig verfolgt, bis wir bereit sind, sie zu akzeptieren und offen zu ihr zu stehen.

Dennoch sind wir diesem spirituellen Modell nach wie vor sehr stark verhaftet. Es ist wohl kaum jemand unter uns, der nicht nachhaltig von dem Sprichwort »Geben ist seliger denn Nehmen« beeinflusst worden wäre. Wir sollten es folgendermaßen umformulieren: »Geben und Nehmen sind gleichermaßen gesegnet, denn so bleibt das natürliche Gleichgewicht des Lebens erhalten.«

Auch aus psychologischen Gründen tun wir uns mit dem Empfangen schwer. Der, der gibt, befindet sich in einer starken, machtvollen Position. Wenn wir geben, sind wir aktiv. Wir spüren unsere Stärke und haben das Gefühl, etwas Gutes zu tun. Die Position desjenigen, der empfängt, der etwas von anderen annimmt, ist dagegen schwächer, verletzlicher. Um von anderen etwas annehmen zu können, müssen wir uns eingestehen, dass wir das, was uns gegeben wird, brauchen oder ersehnen. Da wir uns allgemein unwohl dabei fühlen, Schwäche und Verletzlichkeit zu zeigen, kann es eine große Herausforderung bedeuten, etwas von anderen anzunehmen, sei es Hilfe oder ein Geschenk. Oft werden wir dabei mit unseren Minderwertigkeitsgefühlen konfrontiert.

Viele von uns identifizieren sich sehr stark mit der Energie des Gebens. Wir können uns wunderbar um andere kümmern, spüren intuitiv deren Bedürfnisse und sorgen gerne dafür, dass es ihnen gutgeht und sie sich wohl fühlen. Diese Art der Fürsorge kann für die Menschen in unserer Umgebung sehr wohltuend sein, und zeitweilig verschafft uns das auch selbst Befriedigung. Es gibt uns das Gefühl, dass wir stark und großzügig sind und dass wir gebraucht und gemocht werden.

Wie bei den meisten gewohnheitsmäßigen Verhaltensweisen handelt es sich auch hierbei oft um eine unbewusste Strategie, die unser eigenes Überleben und Wohlbefinden sichern soll. Wenn wir anderen genug geben, werden sie, so hoffen wir, uns so sehr brauchen und lieben, dass sie uns niemals allein lassen. Als diejenigen, die geben und für andere sorgen, bleiben wir immer in der Position des Stärkeren gegenüber Personen, die bedürftiger sind als wir selbst. So können wir es vermeiden, uns unseren eigenen Ängsten und Bedürfnissen zu stellen.

Wieder gilt, dass die einseitige Betonung dieses Pols uns zu starr auf eine bestimmte Rolle festlegt. Geben wir zu viel, verausgaben wir uns, fühlen uns erschöpft und entwickeln Grollgefühle. Andere Menschen neigen dazu, übermäßig von uns abhängig zu werden. Dann ist es ratsam, dass wir lernen, nicht nur ständig zu geben, sondern auch selbst Liebe und Fürsorge von anderen anzunehmen.

Ein gutes Beispiel dafür, wie schwer uns das Annehmen und Empfangen fällt, ist die Art, wie viele Leute mit Komplimenten, Lob oder gar, Gott behüte, Beifall umgehen. Wir sind sehr kreativ darin, der Energie auszuweichen, die uns von anderen auf diese Art und Weise geschenkt wird.

Auf Lob und Anerkennung angemessen zu reagieren und sie dankbar anzunehmen, ist eine gute Übung darin, zusätzlich zum Geben auch das Empfangen zu lernen. Wenn wir lernen, Lob und Anerkennung anzunehmen, wird es uns viel leichterfallen, auch Liebe, Fürsorge, Erfolg, Geld und andere Formen von Energie zu empfangen. Meine Vorträge werden von vielen Menschen besucht, und häufig danken mir die Leute anschließend für die wertvollen Anregungen, die sie durch meine Bücher und Seminare erhalten haben. Anfangs fiel es mir schwer, dies anzunehmen. Ich musste erst lernen, mich für diese Anerkennung durch andere zu öffnen. Heute, das gebe ich gerne zu, ist es für mich ein wunderbares Gefühl!

Natürlich sind viele von uns auch in entgegengesetzter Richtung blockiert: Sie haben Schwierigkeiten, anderen Menschen und der Welt etwas von sich zu geben. Sie verbergen ihre Gefühle, teilen sich nicht mit, halten das, was sie haben, krampfhaft fest, sei es Energie, Liebe, Zeit, Geld oder anderen persönlichen Besitz. Dieses Horten der eigenen Schätze resultiert aus einem Gefühl der Knappheit und des Mangels. Aus der Furcht, es sei nicht genug für alle da, wird das, was man hat, ängstlich zurückgehalten. Bei diesen Menschen sind meistens in der Kindheit wichtige Grundbedürfnisse ungestillt geblieben, und ihr Selbstausdruck wurde nicht unterstützt und ermutigt. Es existiert ein tief sitzendes Minderwertigkeitsgefühl – der Glaube, niemand wolle das haben, was man selbst der Welt geben kann. Dies, zusammen mit der Angst, nie genug von anderen zu bekommen, kann bewirken, dass wir uns übermäßig mit der eigenen Bedürftigkeit identifizieren.

Wir versuchen dann vielleicht, unsere innere Leere und unseren Hunger durch Suchtverhalten zu lindern, durch übermäßiges Essen, Alkohol- oder Drogenmissbrauch, obsessive Beziehungen oder die zwanghafte Jagd nach immer größerem Reichtum. Oder aber wir werden antriebsschwach und depressiv.

So wie Geben und Empfangen beide Teil des gleichen Kreislaufs sind, bedingen auch unsere diesbezüglichen Probleme sich gegenseitig. Wenn wir nicht geben können, sind wir auch nicht wirklich in der Lage, etwas von anderen anzunehmen, und umgekehrt. Diese Schwierigkeiten haben ihren Ursprung in der frühen Kindheit. Um sie zu heilen, braucht es Geduld und die Bereitschaft, ernsthaft an sich zu arbeiten. Der erste und wichtigste Schritt besteht in einem ehrlichen Blick nach innen, damit wir uns unserer Gefühle und Verhaltensmuster bewusst werden. Ein weiterer wichtiger Schritt ist es dann, Hilfe und Rat von anderen anzunehmen, die uns bei unserer emotionalen Heilungsarbeit zur Seite stehen können. Darauf werde ich im sechsten Kapitel noch ausführlicher eingehen.

Wahrhaft empfänglich für das, was andere Menschen uns geben können, sind wir, wenn wir uns die eigenen Bedürfnisse und Wünsche ehrlich eingestehen, unsere Verletzlichkeit akzeptieren und ein grundlegendes Vertrauen entwickeln, dass das Leben immer gut für uns sorgt. Wirklich geben können wir erst dann, wenn wir dankbar annehmen, was das Leben uns schenkt. Aus dieser Fülle erwächst dann ganz natürlich der Wunsch, unsere Energie mit anderen zu teilen.

Tun und Sein

Tun und *Sein* sind ebenfalls zwei wichtige gegensätzliche Energien, die mit den zuvor erwähnten in engem Zusammenhang stehen. Wenn wir etwas *tun*, befinden wir uns in einem Zustand konzentrierter, gelenkter Aktivität, die es uns ermöglicht, die Anforderungen des Alltags zu bewältigen und unsere selbstgesteckten Ziele zu erreichen. Wenn wir uns im Zustand reinen *Seins* befinden, können wir den gegenwärtigen Augenblick voll erfahren, ohne dabei an die Vergangenheit oder die Zukunft zu denken. So können wir tief in unser Inneres eintauchen und Verbindung zu unserer spirituellen Natur aufnehmen. Das *Tun* spielt sich hauptsächlich im Bereich der Persönlichkeit ab, während das *Sein* uns ins Reich der Seele führt.

Beide Energien sind gleichermaßen wichtig. Ohne die Fähigkeit, aktiv zu handeln, würden wir uns hilflos und frustriert fühlen. Ohne die Fähigkeit, einfach nur zu sein, würde uns unser Leben leer und sinnlos erscheinen. Die meisten von uns fühlen sich mit einer dieser beiden Energien vertrauter. Doch je mehr wir auch den jeweils anderen Aspekt stärken und beide Bereiche ins Gleichgewicht bringen, desto größerer Wohlstand wird sich in allen Lebensbereichen manifestieren.

Unsere Kultur ist auch hier wieder stärker zum aktiven Pol, dem *Tun*, orientiert. Die meisten von uns wurden dazu erzogen, ständig produktiv zu sein und ihre Zeit mit nützlichen Aktivitäten zu verbringen. Nichtstun gilt als Zeitverschwendung. Wir bewundern Menschen, die aktiv und fleißig sind, und fühlen uns häufig schuldig, wenn wir uns mit den Leistungen dieser Supermänner und Superfrauen nicht messen können. Von Natur aus mehr dem *Sein* zuneigende Kinder und Erwachsene gelten als Träumer. Oft werden sie als faul und unmotiviert abqualifiziert.

Dass die Zeit, die wir im Zustand des *Seins* verbringen, uns hilft, unsere Batterien aufzuladen und uns zu erneuern, ist eine Einsicht, mit der sich die meisten von uns schwer tun. Im Zustand des Seins können wir die Lebensenergie auffüllen, die wir im Modus des aktiven Handelns verbraucht haben. Das bringt uns ganz buchstäblich Erfüllung. Tagträumen als Quelle für kreative Ideen ist von vielen brillanten Persönlichkeiten bewusst gepflegt worden, unter ihnen zum Beispiel Albert Einstein.

Immer wieder begegnen mir Menschen, die so wenig mit der Energie des *Seins* in Kontakt sind, dass sie sich überhaupt nichts darunter vorstellen können. Die meisten von uns erfahren diese Energie spontan in Augenblicken, wenn sie sich entspannt, friedvoll und zufrieden fühlen, ohne besondere Bedürfnisse oder das Verlangen, etwas zu tun. Oft geschieht das, wenn wir Zeit allein, mit einem geliebten Menschen oder draußen in der Natur verbringen. Die Natur kann uns wunderbar dabei helfen, das reine *Sein* zu erfahren, da sich die gesamte Schöpfung nahezu ständig in diesem Zustand befindet. Pflanzen, Bäume, Steine, Flüsse, Ozeane und Tiere, aber auch Babys und kleine Kinder, strahlen Seins-Energie aus. Sie können uns dazu anregen, diese Energie in uns selbst zu entdecken.

Viele spirituelle Disziplinen bemühen sich, Menschen in Berührung mit der Seins-Energie zu bringen, indem sie ihnen die Fähigkeit vermitteln, »ganz im Hier und Jetzt« zu leben. Jede Art von meditativer Praxis kann bei der Entwicklung dieser Fähigkeit von Nutzen sein. Viele Menschen kommen interessanterweise am leichtesten mit dieser Energie in Kontakt, wenn sie sich stark rhythmischen körperlichen Aktivitäten widmen, zum Beispiel Wandern, Joggen, Schwimmen oder Tanzen.

Wenn bei uns nichts von alledem funktioniert, haben wir immer noch während des Schlafs die Möglichkeit zum reinen Sein. Gewiss ist der Schlaf unter anderem deshalb so wichtig für uns, weil er uns hilft, *Tun* und *Sein* ins Gleichgewicht zu bringen.

Manche Menschen identifizieren sich aber auch übermäßig mit dem *Seins*-Aspekt; sie müssen lernen, aktiver zu werden. Es fällt ihnen schwer, ihre Konzentration aufrechtzuerhalten und ihre Ideen in die Tat umzusetzen. Da wir im Allgemeinen einseitig das Tun bevorzugen, verkörpern diese Menschen gewissermaßen stellvertretend den Schatten unserer gesamten Kultur. Oft fühlen sie sich als Versager und sind chronisch depressiv. Sie benötigen Hilfe von außen, um Schritt für Schritt aktiver und selbstständiger zu werden. Der Schlüssel liegt dabei darin, dass sie auf irgendeine Weise ihre Energie in Bewegung bringen, sei es körperlich, emotional, geistig oder spirituell.

Auch durch ausgedehntes Praktizieren spiritueller Übungen, die das Leben und Sein im jeweiligen Augenblick betonen, können Menschen den Seins-Aspekt überentwickeln. Sie haben dann Mühe, mit den Realitäten der materiellen Welt zurechtzukommen und angemessen für ihren Lebensunterhalt zu sorgen. Für sie gilt es, sich besser zu »erden« und sich in pragmatischem, zielgerichtetem Handeln zu üben, um »Sein« und »Tun« besser miteinander zu verbinden.

Zeit-Reichtum

Die Energien des *Seins* und des *Tuns* stehen in engem Zusammenhang mit der Zeit.

Zeit ist ein sehr wichtiges Element wahren Reichtums. Wie können wir Zufriedenheit und Erfüllung erfahren, wenn wir nie dazu kommen, unser Leben zu genießen? Die meisten Menschen, und da nehme ich mich selbst nicht aus, kämpfen tagtäglich mit einer Realität, in der sie nie genug Zeit haben. Zeitmangel scheint für den heutigen Menschen eines der zentralsten Probleme zu sein. Je reicher wir in materieller Hinsicht werden, desto größere Zeit-Armut erleben wir.

Früher standen den Leuten im Leben nur wenige Wahlmöglichkeiten offen. Das Dasein war für die meisten zwar hart, aber ziemlich überschaubar. Heute sehen sich immer mehr Menschen einer nie gekannten Fülle von Möglichkeiten gegenüber, und wir versuchen, so viel wie möglich davon in unser Leben hineinzustopfen. Es gibt so vieles, das wir tun können, so viele Optionen. Die Entscheidung, was wir weglassen, worauf wir verzichten sollen, fällt uns schwer und nie bleibt genug Zeit, um alles zu tun, was wir uns vorgenommen haben.

Eigentlich sollte das Geld es uns doch ermöglichen, Zeit zu kaufen. Zu einem gewissen Grad trifft das zu, aber Geld bringt auch immer neue Wahlmöglichkeiten mit sich und bewirkt, dass unser Leben immer komplizierter wird. Vielleicht stellen wir jemanden ein (oder sogar mehrere Leute), damit uns Arbeit abgenommen wird – was uns theoretisch die Möglichkeit geben sollte, mehr freie Zeit zu haben, Dinge zu tun, die uns Freude machen, oder überhaupt weniger zu tun. Doch oft stellt sich heraus, dass wir nun so viel Zeit darauf verwenden, die von uns eingestellten Leute zu beaufsichtigen, uns um ihre Bezahlung zu kümmern und dergleichen, dass wir im Endeffekt noch viel *weniger* Zeit haben als vorher. Wenn wir bewusst Zeit dafür abzweigen, uns ein paar schöne Stunden zu gönnen, sind auch diese rasch mit neuen Aktivitäten ausgefüllt!

Da ist es kein Wunder, dass inzwischen viele gut verdienende Leute neidvoll auf Menschen blicken, die ein geringeres Einkommen haben, ein einfacheres Leben führen und dafür über mehr Zeit zu verfügen scheinen. Tatsächlich entwickelt sich derzeit ein neuer gesellschaftlicher Trend: Erfolgreiche Menschen verzichten zugunsten eines einfacheren Lebensstils und größeren Zeit-Reichtums auf einen Teil ihres finanziellen und materiellen Besitzes.

Das ist alles untrennbar mit unserem Verhältnis zum Tun und zum Sein verbunden. Je stärker wir uns mit der aktiven Energie des Tuns identifizieren, desto mehr Möglichkeiten, etwas zu tun, entdecken wir. Selbst wenn wir unsere Karriere aufgeben, unsere Familie verlassen und uns auf eine einsame Insel zurückziehen würden, brächte uns das nicht weiter: Schon bald wären wir genauso eifrig beschäftigt wie eh und je. Ich kenne viele Leute, die glaubten, es genüge, ihre äußeren Lebensumstände zu verändern. Doch dann sahen sie sich rasch wieder ihren alten Problemen gegenüber. Ändern lässt sich daran nur etwas, wenn wir unsere Seins-Energie entwickeln, damit ein gesundes Gleichgewicht entstehen kann.

Was geschieht, wenn wir in den Modus des *Seins* umschalten? Wir treten in den Bereich der Zeitlosigkeit ein. Im reinen Sein gibt es praktisch überhaupt kein Zeitempfinden – es existiert nur das reiche, erfüllte Erleben des gegenwärtigen Augenblicks.

Natürlich können wir nicht unser ganzes Leben im Zustand der reinen Seins-Energie verbringen. Doch ich habe etwas Erstaunliches festgestellt: Wenn es uns gelingt, in unserem Leben ein gesundes Gleichgewicht zwischen *Sein* und *Tun* zu erreichen, spielt das Problem der Zeit kaum noch eine Rolle. Da unsere intensive Seins-Erfahrung uns nährt und erfüllt, verliert die zwanghafte Suche nach äußeren Erfolgen oder immer neuen aufregenden Erfahrungen an Bedeutung. Unsere eigene Existenz von Augenblick zu Augenblick wird auf eine sehr tiefe Weise reich und bedeutungsvoll. Wir treffen unsere Entscheidungen aus der Mitte unseres Herzens heraus. Wenn etwas getan werden muss, gelingt uns das nun zumeist viel leichter und müheloser, oder jemand anderes nimmt uns ganz von selbst die Arbeit ab, oder es stellt sich heraus, dass die betreffende Sache gar nicht mehr so wichtig ist. Das Leben wird zu einem harmonischen Fluss. Wir sehen immer genau, welchen Weg wir als nächstes einschlagen müssen, ohne dass dazu übermäßige Anstrengung erforderlich wäre.

Ich selbst befinde mich noch nicht andauernd in einem solchen Zustand inneren Gleichgewichts, erfahre ihn aber glücklicherweise immer öfter. Es ist ein Lernprozess, der allmählich voranschreitet.

Wenn Sie also das nächste Mal morgens mit dem Gefühl aufwachen, am liebsten *nichts* tun zu wollen, sollten Sie, falls möglich, dankbar für diese Empfindung sein und sie eine Weile auskosten. Wenn Ihnen das gerade in diesem Moment nicht möglich ist, sollten Sie sich zumindest vornehmen, so bald wie möglich eine Entspannungspause einzulegen und die *Seins*-Energie zu erfahren. Auch wenn das anfangs nicht offensichtlich sein mag, werden Sie längerfristig vom Praktizieren des Seins-Zustandes enorm profitieren. Ein Gleichgewicht zwischen *Tun* und *Sein* zu kultivieren ist der Schlüssel dazu, Zeit-Reichtum zu erleben – ein unverzichtbares Element wahren Wohlstands.

Energiefluss und Struktur

Die Lebensenergie bewegt sich stets in einem natürlichen, spontanen Fluss. Struktur als gegenteiliges Prinzip sorgt für Ordnung und Grenzen. Wie bei allen anderen Polaritäten sind auch hier beide Prinzipien unverzichtbar und müssen in unserem Leben harmonisch ausbalanciert werden.

Auch bei dieser Polarität fühlen die Menschen sich zumeist mit einem der beiden Prinzipien besonders wohl, so dass sie es stärker entwickelt haben als das andere. Wer sich mehr mit dem Strukturprinzip identifiziert, versteht sich in der Regel darauf, seine Alltagsdinge zu bewältigen, und führt ein gut geplantes und durchorganisiertes Leben. Wer sich stärker mit dem Energiefluss identifiziert, lebt spontaner, konzentriert sich eher auf größere Perspektiven und gibt sich weniger mit Details ab. Struktur-Menschen gehen meist auf eine rationale, analytische Weise an Probleme heran, während Fluss-Menschen sich stärker auf ihre Intuition und ihre Gefühle verlassen.

Es ist interessant zu sehen, wie sich die beiden Prinzipien im Umgang mit finanziellen Dingen bemerkbar machen. Wenn wir sehr strukturiert sind, führen wir sorgfältig über unser Monatsbudget Buch und achten genau darauf, dass wir nicht zu viel Geld ausgeben und genügend Rücklagen für die Zukunft bilden.

Betrachten wir das Leben mehr aus der fließenden Perspektive, verschwenden wir oft keine Mühe darauf, unsere Finanzen zu organisieren. Wir vertrauen darauf, dass das Universum schon für uns sorgen wird und immer so viel Geld da ist, wie wir gerade benötigen.

Natürlich finden solche derart verschieden orientierten Leute auffallend häufig als Ehe- oder Geschäftspartner zusammen und rauben sich dann durch endlose Diskussionen über den richtigen Umgang mit dem Geld den letzten Nerv! Diese gegenseitige Anziehung entsteht, weil von solchen streitenden Partnern jeder eine Eigenschaft besitzt, die dem anderen fehlt und für die er sich öffnen sollte. (Dazu mehr im nächsten Kapitel.)

Jede dieser beiden Arten, mit Geld umzugehen, besitzt ihre Stärken und ihre Grenzen. Wenn wir uns zu stark mit der einen Polarität identifizieren und die andere völlig ablehnen, wird sich das früher oder später nachteilig bemerkbar machen. Der Wohlstand, den wir herbeisehnen, könnte dadurch in unerreichbare Ferne rücken.

Betonen wir das Strukturprinzip zu sehr, arbeiten wir möglicherweise zu hart, machen uns zu viele Sorgen und berauben uns der Freuden des Alltags, ohne je das Gefühl der Sicherheit zu erlangen, das wir uns erhoffen. Unserem Leben fehlt es dann an Spaß und Leichtigkeit.

Wenn wir uns andererseits völlig dem Prinzip des Fließens hingeben, könnte es unserem Leben an Erdung fehlen, so dass wir mit den praktischen Anforderungen des Alltags nicht zurechtkommen. Unsere Fähigkeit, berufliche und finanzielle Erfolge zu erzielen, kann dadurch erheblich eingeschränkt sein. Vielleicht bringen wir uns unbewusst in eine finanzielle Notlage. Das wäre ein Warnsignal, endlich zu lernen, vernünftig mit unserem Geld umzugehen.

Um zu seelischer Ausgewogenheit zu gelangen und Wohlstand zu erleben, müssen wir jene Energien und Fähigkeiten aufbauen, an denen es uns noch mangelt. Im nächsten Kapitel werden wir gemeinsam entdecken, wie das geht.

6. Kapitel

Der Weg zu Integration und Gleichgewicht

Wie können wir die vielen verschiedenen Energien in uns entwickeln und auf eine Weise in unser Leben integrieren, dass wir zu mehr innerer Ausgewogenheit, Ganzheit und Wohlstand finden? Seit vielen Jahren steht dieser Prozess im Mittelpunkt meines persönlichen Wachstums wie auch meiner Arbeit mit anderen.

Das Leben versucht stets, uns zu Evolution und Weiterentwicklung anzuregen. Dies geschieht auf vielfältige Weise. Jede Erfahrung, jedes Ereignis, mit dem wir konfrontiert sind, ist Teil dieses Entwicklungsprozesses. Die meisten Menschen sind sich dieser Tatsache kaum bewusst. Sie sind passive Teilnehmer ihrer eigenen Evolutionsreise oder leisten gar aktiv Widerstand, wenn ihr Leben scheinbar nicht so läuft, wie es ihrer Ansicht nach sollte. Haben wir aber einmal bewusst anerkannt, dass das Leben ein großer, umfassender Lernprozess ist, wird es für uns viel einfacher, mit der Evolution zu kooperieren. Wir können aktiv an unserer Heilung und unserem Wachstum mitarbeiten.

Glücklicherweise gibt es heute viele Methoden, Lehrer und Berater, die uns auf dem Weg eine Hilfe sein können. Natürlich sind davon manche besser und manche schlechter, und was zu einem bestimmten Zeitpunkt unseres Lebens hilfreich sein kann, mag zu anderen Zeiten weniger geeignet sein. Es ist wichtig, dass wir sorgfältig auswählen, von welchen Ideen und Personen wir uns beeinflussen lassen wollen. Denken Sie stets daran, dass selbst Menschen, die uns besonders hochentwickelt oder erleuchtet erscheinen, ihre Fehler und ihre Grenzen haben.

Wir können von anderen Menschen viel lernen und enorme Unterstützung erhalten, solange wir unsere Macht nicht an sie abgeben. Wichtig ist, dass wir in allen Fragen, die unser Leben betreffen, immer selbst die letzte Autorität behalten.

Während meiner eigenen Lebensreise hatte ich schon viele Lehrer, Therapeuten und Ratgeber und ich habe viele verschiedene Techniken erlernt, angewandt und unterrichtet, die auf unterschiedlichen Ebenen sehr effektiv waren – spirituell, geistig, emotional und physisch.

In den letzten Jahren fand ich die Arbeit von Hal und Sidra Stone besonders hilfreich und ich habe ihre Methoden in meine eigene Arbeit integriert. Die Stones sind Psychotherapeuten und haben eine Landkarte unserer Psyche entwickelt, die sie die Psychologie der Selbste nennen. Und sie sind die Entwickler der Voice-Dialogue-Arbeit (Dialog der inneren Stimmen), einer sehr wirkungsvollen Therapiemethode.* Ihre Arbeit kann uns ausgezeichnet dabei helfen, die verschiede-

---

* Informationen zu den Büchern, Kassetten und Seminaren von Hal und Sidra Stone finden Sie im Anhang.

nen Lebensenergien harmonisch miteinander zu verbinden. Im folgenden Abschnitt verwende ich einige ihrer Konzepte und ihrer Terminologie.

Schritte zum Gleichgewicht

Hier sind verschiedene Schritte, die uns zu einem besseren Gleichgewicht zwischen unseren inneren Polaritäten führen können:

Schritt eins: Als erstes müssen wir uns klarmachen, dass all die unterschiedlichen Energien des Universums auch in uns selbst vorhanden sind. Sie leben in uns als voneinander verschiedene »Selbste« oder »Teilpersönlichkeiten«. Manche dieser Teilpersönlichkeiten sind bereits hochentwickelt und bilden den Hauptanteil unserer bewussten Persönlichkeit. Sie werden »Hauptselbste« genannt. Wir alle verfügen über eine Anzahl von Hauptselbsten, die in der Regel gut zusammenarbeiten und uns helfen, zu überleben und Erfolg im Leben zu haben. Zu meinen Hauptselbsten gehören zum Beispiel die Super-Verantwortungsbewusste, die Antreiberin, die Perfektionistin, die Fürsorgliche, die Lehrerin/Heilerin. Unsere Hauptselbste entwickeln wir zumeist schon sehr früh im Leben, und sie bleiben lebenslang aktive Bestandteile unserer Persönlichkeit. Sie sind es, die unser Leben mehr oder weniger dominieren und die wichtigen Entscheidungen treffen.

In uns existieren aber noch viele andere Energien, Stimmen oder Selbste, die relativ unentwickelt sind. Sie werden »verdrängte Selbste« genannt. Oft werden sie von den Hauptselbsten unterdrückt und verdrängt, aus Angst, sie könnten Schaden anrichten oder Missbilligung und Kritik hervorrufen. Weil mein fürsorgliches Hauptselbst fürchtete, andere könnten mich für selbstsüchtig halten, blockierte es lange Zeit jenen Teil in mir, der meine eigenen Bedürfnisse an erste Stelle setzen wollte.

Bei manchen dieser verdrängten Selbste handelt es sich auch einfach um Energien, die noch keine Gelegenheit hatten, sich zu entwickeln. Ich war beispielsweise mein Leben lang so ernsthaft, verantwortungsbewusst und diszipliniert, dass meine humorvollen, fröhlichen Selbste wenig Ausdrucksmöglichkeiten erhielten. Auch gibt es einige kreative Selbste in mir, die ich bislang nicht kultivieren konnte, weil mir einfach die Zeit dazu fehlte.

Die verdrängten Selbste bilden den unterbewussten Teil unserer Persönlichkeit. Möglicherweise sind wir uns ihrer überhaupt nicht bewusst, oder wir bemühen uns, sie vor der Welt oder sogar vor uns selbst zu verbergen. Sie sind das, was Carl Jung als unseren »Schatten« bezeichnete.

Dennoch sind diese verdrängten Selbste ein wichtiger Teil von uns. Nicht nur, dass wir sie niemals loswerden können, wir *brauchen* ihre Qualitäten, um unser Leben ausgewogener, reicher und erfüllter zu machen. Daher tendiert das Leben dazu, uns immer wieder in Situationen zu bringen, in denen wir gezwungen sind, uns mit unseren verdrängten Selbsten zu konfrontieren und sie bewusst anzuerkennen und zu entwickeln.

Unsere Hauptselbste empfinden zumeist Unbehagen gegenüber den verdrängten Selbsten und versuchen zu verhindern, dass diese an die Oberfläche kommen. Sie fürchten, dass diese gegensätzlichen Energien die Kontrolle übernehmen und unser Leben beherrschen könnten, wenn ihnen Raum gegeben wird. Doch irgendwann erkennen auch die Hauptselbste, dass wir größere Ausgewogenheit benötigen. Ist es uns gelungen, die Hauptselbste davon zu überzeugen, dass wir inneres Gleichgewicht anstreben und nicht ins andere Extrem fallen wollen, sind sie meistens zur Kooperation bereit.

Schritt zwei: Nun müssen wir unsere wichtigsten Hauptselbste kennen lernen. Welche Energien sind bei uns besonders stark entwickelt? Mit welchen Eigenschaften identifizieren wir uns am stärksten?

Wenn Sie möchten, probieren Sie die folgende Übung aus:

Nehmen Sie Papier und Stift und beschreiben Sie sich selbst so objektiv wie möglich.

Welche Worte kommen Ihnen dabei in den Sinn? Schreiben Sie sie auf. Konzentrieren Sie sich dabei darauf, sich so zu beschreiben, wie Sie *normalerweise* im Alltag agieren. Hilfreich könnte sein, wenn Sie sich vorstellen, wie jemand anderer Sie beschreiben würde, der Sie recht gut, aber nicht allzu intim kennt – vielleicht ein guter Bekannter oder ein Arbeitskollege. Versuchen Sie, keine Wertungen vorzunehmen, sondern beschreiben Sie objektiv, wie Sie sich tagtäglich verhalten. Hier sind zwei Beispiele:

Karen	**Jan**
kontaktfreudig	musikalisch
freundlich	still
energiegeladen	künstlerisch
rebellisch	schüchtern
unabhängig	Vegetarier
stark	humorvoll
unorganisiert	intuitiv
kommunikativ	spirituell
enthusiastisch	spontan
sportlich	

Denken Sie auch an die Polaritäten, die ich im vorigen Kapitel beschrieben habe. Können Sie sich mit einigen dieser Eigenschaften identifizieren? Sind Sie »aktiv«, »gebend«, »tatkräftig«, »strukturiert« oder das jeweilige Gegenteil? Nehmen Sie auch diese Qualitäten in Ihre Liste auf, wenn sie nicht sowieso bereits dort stehen. Nun verfügen Sie vermutlich über eine ziemlich gute Beschreibung Ihrer Hauptselbste.

Schritt drei: Erkennen Sie Ihre Hauptselbste an, werden Sie sich ihres Wertes bewusst. Wenn Sie wollen, machen Sie sich Notizen zu diesem Thema. Überlegen Sie, wann, warum und wie Sie diese Selbste jeweils entwickelt haben. Sind einige davon Ihrem Vater oder Ihrer Mutter oder anderen frühen Vorbildern nachempfunden? Oder entstammen sie dem Bestreben, sich von den Eltern, Geschwistern oder anderen Verwandten zu unterscheiden? Handelt es sich bei einigen Ihrer Hauptselbste um die verdrängten Selbste anderer Familienmitglieder? Auf welche Weise waren und sind Ihre Hauptselbste Ihnen von Nutzen? Wie haben sie Ihnen geholfen, zu überleben und Erfolge zu erzielen? Auf welche Weise haben sie Sie beschützt und sich um Ihr Wohlergehen bemüht?

Wenn Sie diesen Fragen nachgegangen sind und erkannt haben, auf welche Art Ihre Hauptselbste Ihnen gute Dienste leisten, probieren Sie die folgende Übung aus:

Schließen Sie die Augen und stellen Sie sich eines Ihrer Hauptselbste als reale Person vor. Das kann eine ganz konkrete bildliche Vorstellung sein – wie diese Person gekleidet ist und was sie tut – oder einfach nur ein gefühlsmäßiger Eindruck. Ich stelle mir mein verantwortungsbewusstes Selbst zum Beispiel als eine starke Frau vor, die ein wenig gebeugt geht, weil sie die Last der ganzen Welt auf ihren Schultern trägt und sich sehr erschöpft fühlt. Danken Sie diesem Teil von Ihnen für alles, was er für Sie getan hat und tut. Lassen Sie ihn wissen, dass Sie seine Arbeit und die wichtige Rolle, die er in Ihrem Leben spielt, wirklich zu schätzen wissen. Sagen Sie ihm, dass Sie die Qualitäten, die er in Ihr Leben bringt, niemals missen möchten, auch wenn Sie nun einige andere Energien erkunden möchten, um ein besseres inneres Gleichgewicht zu erreichen. Sie möchten, dass diese Hauptpersönlichkeit auch weiterhin ihre Arbeit tut, hoffen aber, dass ihr diese Arbeit künftig leichterfallen wird, weil mehr innere Harmonie vorhanden ist.

Wiederholen Sie diese Übung nun mit jedem einzelnen Ihrer Hauptselbste. Das müssen Sie nicht am Stück machen, weil es dann wohl zu viel Zeit beanspruchen würde. Verteilen Sie diese Arbeit auf mehrere Tage, oder machen Sie die Übung einfach spontan, wenn Sie merken, dass eines Ihrer Hauptselbste gerade in Ihnen aktiv ist.

Schritt vier: Wenn Sie anfangen, sich Ihrer Hauptselbste bewusst zu werden, identifizieren Sie sich nicht länger hundertprozentig mit Ihnen. Sie entwickeln eine gewisse Distanz. Es wird Ihnen klar, dass die Hauptselbste nicht Ihr ganzes Selbst sind, sondern nur ein Teil davon. Ihr Gesamtselbst ist weitaus größer und besitzt die Fähigkeit, *alle* Energien zu enthalten und auszudrücken. Es ist, als hätten Sie die Welt bislang durch eine Brille mit sehr kleinen Gläsern betrachtet, durch die Sie nur bestimmte Dinge sehen konnten. Nun nehmen Sie diese Brille ab und erkennen, dass die Welt in Wahrheit viel größer ist.

Diese Erfahrung, eine innere Distanz zu den eigenen Hauptselbsten zu entwickeln, ist der wichtigste Schritt auf dem Weg der Bewusstseinsentwicklung. Jener Teil von uns, der in der Lage ist, die Hauptselbste zu erkennen und zu beobachten, wird »bewusstes Ich« genannt. Die Aufgabe des bewussten Ichs ist es, die vielen verschiedenen Aspekte unseres Wesens wahrzunehmen, ohne sich völlig mit ihnen zu identifizieren. Haben wir einmal begonnen, ein bewusstes Ich zu entwickeln, können wir freier wählen, welchen Teil von uns wir in einer bestimmten Situation zum Ausdruck bringen möchten. Bei der Entwicklung eines bewussten Ichs handelt es sich um einen allmählichen, lebenslangen Prozess, aber jeder Schritt in diese Richtung ist ein großer Gewinn.

Schritt fünf: Identifizieren Sie nun einige der verdrängten Selbste, deren Energie Sie benötigen oder die Sie gerne stärker entwickeln möchten. Den Anfang können Sie machen, indem Sie über die Polaritäten aus dem vorigen Kapitel nachdenken. Haben Sie beispielsweise einen ausgeprägten »Geber« als Hauptselbst, könnte es ein verdrängtes Selbst geben, das sich danach sehnt, zu empfangen und eigene Bedürfnisse erfüllt zu bekommen. Gibt es ein dem freien Energiefluss zugetanes Hauptselbst, schlummert vielleicht ein verdrängter, verleugneter Planer und Organisator in Ihnen.

Ein anderer Weg, Ihre verdrängten Selbste kennen zu lernen, führt über die Liste mit den Eigenschaften der Hauptselbste, die Sie bei *Schritt Zwei* erstellt haben. Finden Sie zu jeder dieser Eigenschaften das entsprechende Gegenteil. Falls die Wörter, die Ihnen dabei in den Sinn kommen, sehr negativ sind, können Sie versuchen, den positiven Kern zu finden, der sich hinter diesen abwertenden Adjektiven verbirgt. Überlegen Sie, welchen Wert die betreffende Energie für Sie haben und wie sie Ihnen zu innerer Harmonie verhelfen könnte. Angenommen, zu Ihren Hauptselbsten zählt eines, das starkes Verantwortungsbewusstsein repräsentiert, dann fällt Ihnen als gegenteiliger Begriff dazu vermutlich »verantwortunglos« ein. Der positive Kern dieser Eigenschaft ließe sich zum Beispiel mit dem Wort »unbekümmert« umschreiben. Wenn Sie übermäßig verantwortungsbewusst sind, könnte es sehr gesund für Sie sein, wenn Sie sich ab und zu Ruhepausen gönnen, in denen Sie fröhlich und unbekümmert sein dürfen.

Schritt sechs: Überlegen Sie, wie Sie kleine, behutsame Schritte unternehmen können, um ein verdrängtes Selbst stärker zum Ausdruck zu bringen, ohne dabei Ihre primären Stärken über Bord zu werfen.

Wenn Sie sich bisher sehr stark mit dem Geben identifiziert haben, könnten Sie lernen, Ihre empfangende Seite zu entwickeln, indem Sie sich zunächst einmal darin üben, langsam und tief einzuatmen, was es Ihnen ermöglicht, die Lebenskraft voll in sich aufzunehmen. Wenn Ihnen dann das nächste Mal jemand ein Kompliment macht oder Ihnen Anerkennung zollt, atmen Sie tief durch und nehmen diese Anerkennung wirklich dankbar an. Danach könnten Sie üben, andere Menschen um etwas zu bitten, das Sie brauchen oder sich wünschen – eine Umarmung, aufmerksames Zuhören, Hilfe bei einem Projekt, ein kleines Geschenk. Unternehmen Sie kleine Schritte, um Ihre Fähigkeit, Gutes zu empfangen, zu erweitern, wobei Sie sich auch weiterhin an Ihrem Potenzial des Gebens erfreuen sollten. Seien Sie dabei geduldig mit sich selbst, denn es handelt sich um einen langsamen und allmählichen Lernprozess.

Wenn Ihre Kreativität bislang zu den eher verdrängten Aspekten gehörte, sollten Sie überlegen, welche Schritte Sie unternehmen können, um mit diesem Teil von Ihnen in Berührung zu kommen und ihm Ausdruck zu verschaffen. Beginnen Sie mit kleinen Dingen, die keine Ängste wecken – ein Buch zu diesem Thema lesen, etwas dazu in Ihr Tagebuch schreiben, vielleicht ein kleines kreatives Projekt. Wagen Sie sich dann an etwas Größeres heran, indem Sie vielleicht Unterricht nehmen oder ein zeitaufwändigeres Projekt starten. Tun Sie das ausschließlich zu Ihrem eigenen Vergnügen, und versuchen Sie, sich möglichst wenig darum zu kümmern, wie andere Leute darüber denken.

Struktur und Energiefluss ins Gleichgewicht bringen

Schauen wir uns nun die Polarität an, die ich am Ende des vorigen Kapitels beschrieben habe – Struktur und Energiefluss im finanziellen Bereich –, und nehmen wir sie als Beispiel dafür, wie wir ergänzend zu der Energie, mit der wir uns bislang hauptsächlich identifiziert haben, auch deren Gegenteil entwickeln können.

Wenn Sie ein sehr strukturierter und organisierter Mensch sind, sollten Sie lernen, ein bisschen weniger kontrolliert zu sein – ohne gleich ins andere Extrem zu fallen!

Üben Sie, auf Ihre Intuition zu hören und ihr zu folgen. Fangen Sie dabei mit kleinen Dingen an. Vielleicht ist es an der Zeit, dass Sie einmal ein kleineres finanzielles Wagnis eingehen, sich zum Beispiel etwas kaufen, das Sie sich sehr wünschen, obwohl Sie normalerweise dafür nicht so viel Geld ausgeben würden. Längerfristig könnten Sie sich sogar veranlasst fühlen, einen Beruf aufzugeben, der nicht mehr der richtige für Sie ist, und sich von Ihrem Herzen einen neuen Weg weisen zu lassen.

Natürlich kann eine solche Veränderung große Ängste auslösen, zum Beispiel die Furcht, alles zu verlieren und obdachlos zu werden. Daher ist es wichtig, langsam und schrittweise vorzugehen. Es gibt keinen Grund, bewährte Fähigkeiten aufzugeben, etwa die Gabe, sorgfältig zu planen und vernünftig mit Geld umzugehen. Es geht lediglich darum, sich ein wenig mehr für die entgegengesetzte Energie zu öffnen. So können Sie allmählich lernen, sich selbst und dem Leben stärker zu vertrauen. Dann wird es Ihnen Freude bereiten, Ihren intuitiven Gefühlen zu folgen und sich dem Fluss des Lebens hinzugeben, im Bewusstsein, dass stets gut für Sie gesorgt ist.

Wenn Sie eine sehr stark aufs Fließen orientierte Person sind, ahnen Sie vermutlich schon, was zu tun ist? Richtig – fangen Sie an, über Ihre Ausgaben Buch zu führen. Nicht nur ab und zu, sondern Monat für Monat. Und Sie sollten lernen, sich ein finanzielles Budget zu setzen und mit diesem Geld auszukommen.

Ich kenne viele Energiefluss-Menschen, denen der Gedanke überhaupt nicht gefällt, sich detailliert mit den finanziellen Aspekten ihres Lebens zu befassen. Sie finden solche Dinge trocken und langweilig und fürchten, dass eine Beschäftigung damit ihnen die gute Laune verdirbt und dem Leben seinen Zauber nimmt. Auch haben sie Angst, wenn sie sich mit der Wirklichkeit konfrontieren, könnten sie die unerfreuliche Entdeckung machen, dass sie über ihre Verhältnisse leben.

Ich habe schon vielen Menschen dabei geholfen, einen vernünftigen Haushaltsplan aufzustellen. Meist waren sie überrascht, dass eine solche Finanzplanung sie keineswegs einschränkte, sondern sich als sehr hilfreich und befreiend erwies. Die Idee dabei ist, sich der Realität zu stellen und dann konstruktiv mit ihr zu arbeiten. Wie viel Geld verdienen Sie wirklich im Monat? Wie viel geben Sie tatsächlich aus? Was sind Ihre wahren Bedürfnisse? Falls Sie weniger einnehmen, als Sie ausgeben, wie können Sie dann Ihre Bedürfnisse vorübergehend reduzieren oder sich zusätzliche Einnahmequellen erschließen? Ein solcher Haushaltsplan sollte neben den Alltagsbedürfnissen auch ein wenig Raum für Wünsche und den einen oder anderen kleinen Luxus lassen. Ein guter Haushaltsplan hilft Ihnen, das Beste aus Ihren finanziellen Möglichkeiten zu machen. Und er ist eine solide Basis, von der ausgehend Sie sich eine finanzielle Realität erschaffen können, die Ihren Vorstellungen entspricht.

Ich empfehle Ihnen, sich einen guten Finanzberater zuzulegen oder sich zumindest von einem Freund helfen zu lassen, der gut mit Geld umgehen kann. Lassen Sie sich in die Grundlagen einer soliden Haushaltsführung einweisen – Ausgabenkontrolle, Schaffung von Rücklagen, Investitionen. Wenn Sie Schulden oder andere finanzielle Probleme haben, sollten Sie sich an eine Schuldnerberatungsstelle wenden. Menschen, die dazu neigen, chronisch Schulden anzuhäufen, sollten sich von ihren Kreditkarten trennen. Generell fällt es schwer, den Überblick über die mit Karte getätigten Ausgaben zu behalten, und für manche Leute haben Kreditkarten einfach verheerende Folgen.

Wenn Sie mehr Struktur und Klarheit in Ihre Finanzen und Ihr Leben insgesamt bringen, bedeutet das keinesfalls, dass Sie Ihre Spontaneität und Ihre Lebensfreude aufgeben müssen. Es hilft Ihnen lediglich, mit den Beinen sicherer auf dem Boden zu stehen und Ihre Kreativität wirkungsvoller einzusetzen.

Den Spiegel des Lebens sinnvoll nutzen

Oft stecken wir derartig in unseren alten Glaubenssätzen und Verhaltensmustern fest, dass wir nicht mehr zu erkennen vermögen, welche Veränderungen nötig sind. Auch wenn unsere Probleme uns frustrieren, sehen wir häufig nicht, welche Lektionen zu lernen sind, um die Dinge zum Besseren zu wenden. Daher brauchen wir den Spiegel des Lebens.

Schon im dritten Kapitel haben wir angesprochen, dass sich in allem, was uns im Leben geschieht, widerspiegelt, wie es um unsere innere Integration und unser seelisches Gleichgewicht bestellt ist. Wir können alles, was in der Außenwelt geschieht, als Spiegel nutzen, der uns auf jene Bereiche in uns hinweist, wo Heilung und Entwicklung vonnöten sind. Alle Probleme, insbesondere chronische, hartnäckig immer wieder auftauchende Probleme, weisen pfeilgerade auf einen Aspekt unserer Psyche hin, wo es uns an Bewusstheit mangelt.

Das Leben will uns stets genau das lehren, was wir im Moment gerade wissen müssen. Akzeptieren wir das, können wir alles, was uns geschieht, als Geschenk betrachten. Selbst unangenehme und schmerzhafte Erfahrungen beinhalten immer einen wichtigen Schlüssel zu mehr Heilung, Ganzheit und Wohlstand. Es ist mitunter nicht ganz leicht, das zu verstehen, was der Spiegel des Lebens uns zu zeigen versucht, doch wenn wir aufrichtig bereit sind, aus jeder Erfahrung zu lernen, werden uns die Antworten auf die eine oder andere Weise enthüllt werden.

Unsere Beziehungen sind besonders deutliche und hilfreiche Spiegel für uns. Alle Menschen, mit denen wir in Beziehung stehen – Verwandte, Freunde, Kollegen, Nachbarn, Kinder, Liebespartner – spiegeln Teile unseres eigenen Wesens. Das gilt übrigens auch für unsere Haustiere. Unsere Gefühle gegenüber all jenen, mit denen wir in Kontakt sind, zeigen an, was wir bezüglich des Teils in uns empfinden, den sie für uns jeweils spiegeln.

Wir alle ziehen Menschen in unser Leben, deren besonders stark ausgeprägte Charakterzüge im Gegensatz zu den Eigenschaften stehen, mit denen wir selbst uns am meisten identifizieren. Mit anderen Worten, diese Personen spiegeln unsere verdeckten, verdrängten Selbste, und wir die ihren. Dabei handelt es sich meist um emotional besonders stark aufgeladene Beziehungen. Wir lieben diese Menschen sehr, oder wir hassen sie, und oft beides zugleich! Wir fühlen uns sehr stark zu ihnen hingezogen, und/oder ihre Gegenwart ist für uns schwer erträglich, und ihr Verhalten reizt oder frustriert uns. Je stärker diese Gefühle sind, desto wichtigere Spiegel sind diese Menschen für uns. Wir haben sie in unsere Realität gezogen, damit sie uns auf etwas hinweisen, das wir in uns selbst entdecken und entwickeln sollten. Die starken (positiven oder negativen) Gefühle, die sie in uns auslösen, resultieren daraus, dass sie uns auf einen Teil von uns selbst hinweisen, den wir anerkennen, akzeptieren und integrieren sollten.

Das bedeutet nicht, dass wir bei ihnen bleiben und eine schmerzvolle oder nicht mehr angemessene Beziehung fortsetzen sollen. Es bedeutet nur, dass wir, solange wir mit ihnen zu tun haben oder sie uns gedanklich und gefühlsmäßig beschäftigen, unsere Beziehung zu ihnen als Lernerfahrung nutzen können. Dabei geht es nicht darum, dass wir *wie sie* werden sollen. Möglicherweise leben sie eine Energie aus, die wir selbst stärker entwickeln sollten, aber es ist durchaus möglich, dass sie dabei zu weit ins gegenteilige Extrem gehen oder dass sie diese Energie in einer sehr verzerrten Form zum Ausdruck bringen.

Wir sollten immer nach der positiven Essenz jener zu unseren eigenen Wesenszügen in Kontrast stehenden Eigenschaft der betreffenden Person suchen. Wenn Sie zum Beispiel dazu erzogen wurden, Wut niemals offen zu zeigen, werden Sie vermutlich irgendwann an einen Menschen geraten, der seine Wut oft und ziemlich heftig zu artikulieren pflegt. Damit gibt das Leben Ihnen einen deutlichen Hinweis, dass es für Sie an der Zeit ist, sich bewusst mit Ihrer eigenen Wut auseinander zu setzen. Das bedeutet nun nicht, dass Sie wie dieser Mensch werden und ständig wütend herumtoben sollen. Statt dessen sollten Sie sich um einen ausgewogenen, konstruktiven Umgang mit Ihren Wutgefühlen bemühen und lernen, sich anderen gegenüber angemessen und wirkungsvoll zu behaupten.

Wenn Sie Ihre Seins-Energie sehr ausgeprägt entwickelt haben, es Ihnen aber schwerfällt, aktiv zu handeln, kann es gut sein, dass Sie einen für Sie wichtigen Menschen in Ihr Leben ziehen, der ein Workaholic ist und sich nicht entspannen kann. Natürlich sollten Sie nun nicht auch in dieses Extrem verfallen, aber dennoch ist dieser Mensch ein guter Lehrer für Sie. Von ihm können Sie viel über die aktive Energie lernen, die Sie stärker entwickeln sollten.

Umgekehrt sind auch Sie für diese Person ein Lehrer; aber wenn Sie bewusst versuchen, ihr zu zeigen, was sie Ihrer Meinung nach von Ihnen lernen sollte, funktioniert das im Allgemeinen nicht sehr gut – obwohl wir alle häufig dieser Versuchung erliegen. Viel besser ist es, wenn Sie sich auf das konzentrieren, was *Sie selbst* aus der Situation lernen können. Wenn wir den Spiegel, der uns vorgehalten wird, dazu nutzen, unsere eigenen Bedürfnisse besser zu verstehen, und bewusst einem bislang verdrängten, verleugneten Selbst in uns mehr Raum geben, wird sich das gesamte Muster der Beziehung zu diesem Menschen wie von selbst verwandeln.

Wenn wir uns sehr stark mit Macht und Stärke identifizieren, werden wir verletzliche, hilfsbedürftige Menschen in unser Leben ziehen. In ihnen spiegelt sich unsere eigene verdrängte Schwäche und Verletzlichkeit, die wir uns bewusst eingestehen und akzeptieren sollten. Wenn wir das tun, werden die bedürftigen

Menschen in unserem Umfeld entweder mehr Selbstvertrauen und Eigenverantwortung entwickeln oder aus unserem Leben verschwinden. Wenn wir selbst übermäßig verletzlich und schwach sind, werden wir uns in Beziehungen zu Menschen wieder finden, die ihre Macht und Stärke ausleben. Wir werden uns so lange von ihnen an die Wand gedrückt, beherrscht oder missbraucht fühlen, bis wir uns auf unsere eigene Kraft besinnen und eigenverantwortlicher werden. An diesem Punkt wird sich die Beziehung entweder auflösen oder sich hin zu mehr Gleichberechtigung entwickeln.

Wie ich schon im vorigen Kapitel erwähnte, geraten wir in der Liebe, aber auch im Geschäftsleben, häufig an Partner, die eine völlig andere Art haben, mit Geld umzugehen, als wir selber. Wenn die Unterschiede nicht zu extrem sind, kann das dazu führen, dass beide Partner sich harmonisch ergänzen und von den Stärken des anderen lernen. Bei einer sehr starken Polarisierung können solche Beziehungen allerdings sehr schmerzhaft und frustrierend werden und viel Stress und endlose Streitereien mit sich bringen.

Dennoch ist auch das ein Geschenk – eine Chance, zu erkennen, wie einseitig wir uns mit einem bestimmten Pol identifizieren. So können wir die entgegengesetzte Energie, die wir so dringend benötigen, in uns entwickeln. Wie bei allen Beziehungsproblemen ist es auch hierbei entscheidend, dass wir offen miteinander kommunizieren und bereit sind, die Gefühle und den Blickwinkel des anderen zu verstehen. Wenn wir dies allein nicht schaffen, ist es sinnvoll, Hilfe von außen in

Anspruch zu nehmen – durch einen Therapeuten, einen Eheberater oder andere Vermittler. Ich glaube, dass wir alle von Zeit zu Zeit Hilfe brauchen, um uns durch die tief sitzenden Probleme zu arbeiten, die sich in unseren intimen Beziehungen spiegeln.

Beziehungen sind ein komplexes und faszinierendes Thema, auf das ich im Rahmen dieses Buches nur sehr kurz eingehen kann.* Wichtig ist, dass Sie die Grundidee begreifen, wie Ihre Beziehungen Ihnen stets den nächsten Schritt zeigen, den Sie in Ihrer Persönlichkeitsentwicklung tun sollten. Dann können Sie sich von den Menschen, zu denen Sie in naher Beziehung stehen, wunderbar den Weg zu wahrem Reichtum weisen lassen.

---

* Bestimmt schreibe ich schon bald ein ganzes Buch darüber! Einstweilen empfehle ich Ihnen *Abenteuer Liebe, lebendige Partnerschaft* von Hal und Sidra Stone sowie deren Audiokassetten zu diesem Thema.

7. KAPITEL

Sehnsucht und Erfüllung

Wenn Reichtum bedeutet, reichlich von dem zu haben, was wir uns wirklich wünschen und was wir wirklich brauchen, wie können wir dann herausfinden, *was* genau wir brauchen und uns wünschen?

Wir alle haben schon folgende Erfahrung gemacht: Wir sehnen uns verzweifelt nach einem bestimmten Gegenstand, einem Erlebnis oder der Liebesbeziehung zu einem bestimmten Menschen. Dann bekommen wir das Gewünschte tatsächlich, es stellt sich aber heraus, dass es uns längst nicht so viel Freude bereitet, wie wir uns erhofft hatten; oder wir bekommen es nicht und erkennen, dass wir auch ohne es sehr gut zurechtkommen.

Um die Sache noch mehr zu verwirren: Den meisten von uns sind von Kindheit an im Hinblick auf die Erfüllung unserer Wünsche sehr widersprüchliche Philosophien beigebracht worden. Die Materialisten vertreten den Standpunkt, wir sollten nach Erfüllung all unserer Wünsche streben, indem wir Geld, Besitz, Macht und Status anhäufen. Die Werbeindustrie hat sich ganz der Aufgabe verschrieben, unsere Wünsche nach allen möglichen Dingen und Erlebnissen zu verstärken und zu erweitern. Die westlichen Religionen sagen uns, dass viele unserer Wünsche sündhaft seien und uns geradewegs in die Hölle führen. In der buddhistischen Philosophie lautet eine wichtige Grundannahme, dass das Begehren – oder wenigstens das *Anhaften* – die Wurzel allen Leides ist. Gewisse populäre New-Age-Theorien verkünden, wir könnten unbegrenzt alles haben, was wir uns wünschen, wenn wir unser Bewusstsein entsprechend öffnen. Kein Wunder also, dass viele von uns nicht wissen, ob sie nun ihre Wünsche aktiv verwirklichen oder sich ganz von ihnen lösen sollen.

Wir alle haben schon die Erfahrung gemacht, dass unsere emotionalen Wünsche unerfüllt blieben. Zu einem gewissen Grad haben wir alle daher Enttäuschung, Frustration und Schmerz erlebt. War dieser Schmerz sehr groß, schützen wir uns seither möglicherweise, bewusst oder unbewusst, vor weiteren Enttäuschungen, indem wir unsere Bedürfnisse, unsere Wünsche und Sehnsüchte verleugnen und verdrängen. Wenn wir uns auf solche Weise innerlich blockieren, kann die Lebenskraft nicht mehr frei in uns fließen; wir werden depressiv und antriebslos.

Wie können wir also auf gesunde Weise in Kontakt mit unseren Bedürfnissen und Sehnsüchten kommen und uns von ihnen zu wahrem Reichtum führen lassen?

Machen wir uns zuerst einmal den Unterschied zwischen einem Wunsch und einem Bedürfnis klar. Wie ich es sehe, handelt es sich bei einem Bedürfnis um etwas, das für unser Überleben unerlässlich ist. Wir haben Bedürfnisse auf allen Ebenen – physisch, geistig, emotional und spirituell. Unsere echten Wünsche sind dagegen Sehnsüchte nach dem, was unser Leben unserem Gefühl nach reicher und erfüllter macht und unsere persönliche Entwicklung fördert. Diese beiden Kategorien lassen sich nicht scharf voneinander abgrenzen. Eher existieren unsere Bedürfnisse und Wünsche innerhalb eines Spektrums, das sich wie folgt darstellen lässt:

Dinge, die wir für unser physisches Überleben benötigen	Dinge, die wir für unser grundlegendes körperliches, emotionales, geistiges und spirituelles Wohlbefinden benötigen	Dinge, nach denen wir uns mit Herz und Seele sehnen, weil sie uns Selbstausdruck ermöglichen, uns Erfüllung, Lebenssinn und Glück schenken	Dinge, die wir unbedingt besitzen oder erleben wollen	Dinge, die wir gerne besitzen oder erleben würden

Natürlich müssen zunächst einmal unsere grundlegenden Überlebensbedürfnisse erfüllt sein, sonst werden andere Dinge für uns wenig Bedeutung haben. Je weiter wir uns entlang dieses Spektrums vorwärtsbewegen und in jeder Kategorie Erfüllung erfahren, desto reicher werden wir uns fühlen.

Falsche Sehnsüchte

Es gibt eine Form des Begehrens, die suchthaften Charakter hat. Eine solche »falsche Sehnsucht« bringt uns keine Zufriedenheit und trägt nicht zu einem erfüllten Leben bei. Auch wenn wir das, was wir uns wünschen, immer wieder bekommen, es immer wieder konsumieren, befriedigt es uns nie wirklich oder schadet uns sogar. Eine solche falsche Sehnsucht tritt auf, wenn wir uns unserer wahren Bedürfnisse und Wünsche nicht bewusst sind oder nicht wissen, wie wir sie befriedigen können.

Wenn eine falsche Sehnsucht zur Besessenheit wird, die uns völlig beherrscht, haben wir es mit einer Suchterkrankung zu tun. Die Befriedigung der Sucht scheint jedes Mal vorübergehend einige unserer Bedürfnisse zu stillen, doch das hält nie lange vor, weil unsere *wahren* Bedürfnisse durch sie niemals befriedigt werden. Letztlich wirkt sich die Sucht zerstörerisch auf uns selbst und unser soziales Umfeld aus.

Das besonders Schädliche an diesen suchthaften Verhaltensweisen ist, dass sie uns sehr wirkungsvoll davon abhalten, unsere wahren Bedürfnisse zu spüren. Die Sucht blockiert unseren Fortschritt und verhindert, dass wir lernen, diese Bedürfnisse auf gesunde Weise zu befriedigen. Wenn wir wahren Reichtum erleben wollen, müssen wir daher zunächst einmal unsere suchthaften Verhaltensmuster aufdecken und heilen. Und in irgendeiner Form sind die meisten von uns süchtig.

In unserer Gesellschaft hat die Drogen- und Alkoholsucht epidemische Ausmaße angenommen. Auch werden wir uns zunehmend bewusst, wie viele Menschen heute unter Essstörungen wie Magersucht oder Bulimie leiden. Andere weit verbreitete Formen von Suchtverhalten sind die Sucht nach Sex, obsessive Abhängigkeiten von anderen Menschen und Workaholismus.

Einige dieser Süchte sind weniger offensichtlich als andere. Manche, wie die Arbeitssucht, genießen so große gesellschaftliche Anerkennung, dass es uns oft schwerfällt, sie überhaupt als Suchtverhalten zu erkennen. Sogar die Meditation kann für manche Menschen eine Sucht sein. Zur Sucht kann alles werden, was wir gewohnheitsmäßig tun, um dem Schmerz auszuweichen, der dadurch entsteht, dass unsere wahren Bedürfnisse unerfüllt bleiben.

Auch im finanziellen Bereich gibt es viele suchthafte Verhaltensweisen. Die Spielsucht ist weit verbreitet und ruiniert das Leben vieler Menschen. Viele Leute leiden unter Kaufsucht; darüber machen wir uns gerne lustig, aber diese Sucht kann sich zu einem sehr ernsten Problem entwickeln, wenn wir sie regelmäßig benutzen, um unseren wirklichen Bedürfnissen und Gefühlen auszuweichen. Der Zwang, Geld auszugeben und materielle Güter zu konsumieren, kann zu chronischer Verschuldung und finanziellem Ruin führen. Auch der Zwang, immer mehr Geld dazuzuverdienen, obwohl man bereits über beträchtlichen Reichtum verfügt, ist zweifellos eine Sucht – der Versuch, einen chronischen Hunger nach Sicherheit, Macht oder Status zu befriedigen. Es erübrigt sich eigentlich, darauf hinzuweisen, dass unerkannte und unbehandelte Süchte im finanziellen Bereich wahrem finanziellen Reichtum im Wege stehen.

Mit unseren Süchten versuchen wir unbewusst – und vergeblich –, die Leere zu füllen, die wir in uns spüren. Doch dauerhaft beseitigen können wir diese innere Leere nur, wenn wir uns das verschaffen, was wir wirklich brauchen, nämlich eine tief empfundene Verbindung zu unserer spirituellen Quelle, eine enge Verbundenheit zur Natur, liebevolle Kontakte zu anderen Menschen, eine befriedigende Arbeit und das Gefühl, einen sinnvollen Beitrag zum Wohl der Menschheit zu leisten. Um auf die Erfüllung dieser Bedürfnisse hinarbeiten zu können, müssen wir sie zuerst einmal wirklich spüren.

Es gibt keinen Grund, sich wegen einer Sucht zu schämen, auch wenn die meisten von uns das tun. Wir alle leiden unter irgendwelchen Süchten. Zum Glück zwingen sie uns schließlich, wenn sie schmerzhaft genug geworden sind, ganz von selbst dazu, uns ernsthaft mit unserer Selbstheilung zu befassen.

Erfreulicherweise gibt es heute viele Hilfsangebote für Menschen, die sich von ihren Suchtproblemen befreien möchten. In den meisten Fällen erweisen sich dabei die so genannten Zwölf-Stufen-Programme, beispielsweise der Anonymen Alkoholiker oder von Al-Anon, als besonders wirkungsvoll. Darüber hinaus gibt es zahlreiche Therapeuten, Selbsthilfegruppen und Beratungsstellen, die sich auf Hilfe für Süchtige spezialisiert haben. Wenn Sie glauben, dass bei Ihnen ein Suchtproblem vorliegt, möchte ich Sie ausdrücklich ermutigen, sich nach sachkundiger Hilfe umzuschauen. Das könnte sich für Sie als wichtigster Schritt in Richtung Gesundheit, Glück und Reichtum erweisen!

Unsere wahren Wünsche entdecken

Wenn wir uns unserer falschen Sehnsüchte und der damit verbundenen Probleme bewusst geworden sind und erste Heilungsschritte unternommen haben, können wir damit beginnen, unsere wahren Bedürfnisse und Wünsche zu erforschen. Und wir können lernen, sie auf gesunde Weise zu befriedigen.

Unsere wahren Wünsche kommen aus dem Herzen und der Seele. Wir müssen sie unbedingt respektieren und ihnen vertrauen. Durch unsere tiefen Sehnsüchte lenkt das Leben uns in die Richtung, die uns bestimmt ist. Unsere Wünsche führen uns auf den Weg des Wachstums, des Strebens nach Erkenntnis und enthüllen uns unsere einzigartige Form schöpferischen Selbstausdrucks. Unsere Träume zeigen uns den Sinn unseres Lebens.

Wir alle sehnen uns danach, dazuzugehören, Teil von etwas zu sein, das größer ist als unsere individuelle Existenz. Der Dichter David Whyte schreibt, dass wir Erfüllung finden, wenn wir unserer Sehnsucht folgen. So finden wir unseren einzigartigen Platz im großen Mosaik des Lebens.

Hier ist eine Übung, die Ihnen hilft, besser in Kontakt mit Ihren Bedürfnissen und Wünschen zu kommen:

1. Suchen Sie sich einen Ort, wo Sie ein bis zwei Stunden völlig ungestört sind. Die Umgebung sollte angenehm und friedlich sein. Bringen Sie Stift und Notizbuch mit. Nehmen Sie sich Zeit, in aller Ruhe darüber nachzudenken, was Ihre echten Herzenswünsche sind, was Ihnen im Leben wirklich wichtig ist. Was

brauchen Sie auf jeder der vier Ebenen: spirituell, geistig, emotional und körperlich-materiell?

2. Schreiben Sie alles auf, was Ihnen dabei in den Sinn kommt, materielle Dinge ebenso wie alles Immaterielle. Denken Sie daran, dass manche Bedürfnisse sich im Lauf des Lebens wandeln. Notieren Sie alles, was Ihnen jetzt, in diesem Moment, wichtig ist.

3. Schauen Sie sich nun jeden Wunsch auf Ihrer Liste an, und schreiben Sie auf, warum er wichtig für Sie ist. Versuchen Sie, die den einzelnen Wünschen jeweils zugrunde liegenden elementaren Bedürfnisse herauszufinden.

Ein Beispiel:

Ich wünsche mir ein schönes Haus.

Warum?

Weil ich mich dann sicher und geborgen fühle und in einer schönen Umgebung lebe. Ich möchte meine kreative Energie ausdrücken, indem ich mein Haus nach meinen Vorstellungen einrichte und ausstatte. Und ich möchte ein sicheres Nest für meine Kinder schaffen. Auch möchte ich, dass andere Menschen anerkennen, dass ich genug Geld verdient habe, um mir ein so schönes Haus leisten zu können.

Die wichtigen Elemente dieses Wunsches sind also Sicherheit, Bequemlichkeit, kreativer Selbstausdruck, Fürsorge für meine Familie und die Anerkennung anderer dafür, dass ich meine Kraft in der Welt auf effektive Weise manifestiere.

Wie Sie sehen, verbergen sich hinter dem scheinbar äußerlichen Wunsch nach einem materiellen Gegenstand eine Menge wichtiger emotionaler und kreativer Bedürfnisse.

Vergessen Sie nicht, dass wir Reichtum nur dann erschaffen können, wenn wir unsere wahren Wünsche und Bedürfnisse kennen. Für das Erreichen unserer Lebensziele ist es unerlässlich, dass wir die Verantwortung für unsere eigenen Bedürfnisse übernehmen.

Dass Sie sich der Ihrem Wunsch zugrunde liegenden tieferen Bedürfnisse bewusst werden, wird Ihnen bei der Suche nach dem für Sie richtigen Haus enorm weiterhelfen. Ob es sich dabei um eine Villa in der Großstadt oder um eine kleine Blockhütte im Wald handelt, kommt ganz auf Sie und Ihre Lebensreise an. Wenn es das richtige für Sie ist, wenn Sie aufmerksam in sich hineingehorcht haben, als Sie Ihre Wahl trafen, spielt es keine Rolle, wie groß Ihr neues Haus ist; Sie werden dann, was Ihr Zuhause angeht, ein Gefühl wahren Reichtums erleben.

Die gleichen Prinzipien gelten auch für alle anderen Bereiche unseres Lebens.

Manchmal ist es schwer, einen Anfang zu machen und überhaupt etwas auf die Wunschliste zu schreiben. Dann kann es hilfreich sein, wenn Sie die Meinung von Freunden einholen.

Stellen Sie fünf Freunden und/oder Verwandten die folgenden Fragen:
- *Was, glaubst du, brauche ich oder wünsche ich mir gegenwärtig besonders?*
- *Glaubst du, es gibt in mir einen Wunsch, der mir nicht bewusst ist?*

Die Antworten sollten Sie mit einer gewissen Vorsicht genießen, da Ihre Freunde möglicherweise lediglich eigene Wünsche und Bedürfnisse artikulieren. Doch es ist auch gut möglich, dass sie bei Ihnen Dinge wahrnehmen, die Ihnen selbst bislang überhaupt nicht bewusst waren.

Der Intuition vertrauen

Ich habe festgestellt, dass ich meinen wahren Wünschen am besten folgen kann, wenn ich auf meine Intuition achte. Uns allen wohnt eine große Weisheit inne; es gibt einen Teil in uns, der über alles Wissen verfügt, das wir in unserem Leben gerade benötigen. Dieser intuitive Sinn ist uns angeboren, aber die meisten von uns lernen schon früh, ihm zu misstrauen oder ihn völlig zu ignorieren. Daher müssen wir eine Fähigkeit wiedererlernen, die eigentlich völlig natürlich ist. Glücklicherweise ist das nicht allzu schwierig; man benötigt lediglich ein wenig Übung.

Der Intuition zu folgen ist keine abgehobene mystische Erfahrung, sondern etwas ganz Einfaches und Praktisches – man lernt, auf seine Instinkte zu achten, auf Ahnungen, die »aus dem Bauch« kommen. Diese Fertigkeit sollte man zunächst bei kleinen, alltäglichen Aufgaben einüben.

Kürzlich beschrieb mir eine Freundin folgendes Erlebnis: Sie arbeitete zu Hause an einem Buchprojekt, als sie plötzlich ein sehr niedergeschlagenes, trauriges Gefühl überkam. Ein Freund rief an, und als sie ihm erzählte, wie sie sich gerade fühlte, fragte er: »Was würde denn deine Stimmung heben?« Sofort spürte sie in sich die intuitive Antwort: »Ich würde bei diesem herrlichen Wetter gerne einen schönen Spaziergang mit meinem Hund machen.« Doch ihr schlechtes Gewissen hielt sie davon ab, weil noch so viel Arbeit auf sie wartete. Sie zwang sich also dazu, zwei weitere Stunden zu arbeiten, kam aber nur sehr mühsam vorwärts. Schließlich machte sie dann doch einen Spaziergang. Anschließend fühlte sie sich sehr viel besser und so inspiriert, dass sie die Arbeit doch noch rechtzeitig fertig stellen konnte.

Das ist ein gutes Beispiel dafür, wie die Dinge sich fast immer harmonisch fügen, wenn wir von Augenblick zu Augenblick unseren intuitiven Gefühlen vertrauen und dementsprechend handeln. Ignorieren wir sie dagegen, führt das oft dazu, dass wir uns blockiert, frustriert oder deprimiert fühlen.

Wie wir im sechsten Kapitel sahen, gibt es viele verschiedene Stimmen in uns. Daher braucht es einige Übung, bis wir in der Lage sind, unsere innere intuitive Führung von diesen anderen Stimmen zu unterscheiden. Unser intuitiver Sinn geht stets mit einer besonderen Empfindung einher, die wir erkennen lernen können.

Unsere innere Führung ist immer da, aber wir haben nicht immer Zugang zu ihr und hören sie oft nicht. Wenn wir sehr verstandesorientiert denken, fällt es uns meist schwer, Verbindung mit der Intuition aufzunehmen; wir müssen dann erst einmal lernen, uns zu entspannen und die Gedanken für eine Weile zur Ruhe kommen zu lassen. Sind wir emotional erregt oder blockiert, brauchen wir zunächst etwas emotionale Zuwendung oder Heilung, ehe wir in Kontakt mit unserem intuitiven Sinn treten können. Der Aufbau einer stabilen Beziehung zu unserer intuitiven inneren Führung ist ein allmählicher Prozess, doch die Mühe lohnt sich in jeder Hinsicht.

Wenn Sie sich dazu ausführlicher informieren möchten, empfehle ich Ihnen mein Buch *Leben im Licht*. Dort und in anderen Veröffentlichungen habe ich das Thema Intuition umfassend behandelt. Auch habe ich mehrere Audiokassetten mit geführten Meditationen zur Entwicklung der Intuition und inneren Führung produziert.

Im nächsten Kapitel folgt eine einfache Übung, die Ihnen hilft, Ihre Intuition zu trainieren. Dass Sie lernen, Ihrer Intuition zu vertrauen und dementsprechend zu handeln, ist ein wichtiger Schritt hin zu wahrem Reichtum, und er zeitigt eindrucksvolle Resultate, die sich oft sofort einstellen.

8. Kapitel

Schritte zu wahrem Reichtum

Wahrer Reichtum lässt sich nicht über Nacht erschaffen. Tatsächlich handelt es sich dabei nicht um ein festgelegtes Ziel, das wir eines Tages erreichen, oder einen unveränderlichen Zustand, den wir irgendwann erlangen.

Wahren Reichtum erschaffen wir vielmehr, indem wir nach Erfüllung streben. Es ist ein Prozess, der sich während unseres ganzes Lebens unaufhörlich weiter entfaltet.

In diesem Kapitel werde ich sieben Schritte beschreiben, die uns zu einem stetig wachsenden Reichtumsgefühl verhelfen können. Die Reihenfolge dieser Schritte ist nicht festgelegt. Es handelt sich um gleichwertige Elemente, die allesamt wichtig für unsere Reise sind. Jeder Mensch hat seinen eigenen, einzigartigen Lebensweg und wird sich zu unterschiedlichen Zeiten und auf unterschiedliche Weise diesen Elementen widmen. Manchmal arbeiten wir vielleicht sogar an allen Elementen gleichzeitig.

Bei den ersten vier Schritten handelt es sich um eine Wiederholung und Zusammenfassung von Material, das wir bereits erörtert haben; die letzten drei sind dagegen weitgehend neu.

Erster Schritt: Dankbarkeit

Auch wenn wir uns momentan nicht sonderlich reich fühlen mögen, trifft es doch zu, dass die meisten Menschen in der modernen westlichen Gesellschaft enorm wohlhabend sind, materiell und unter vielen anderen Aspekten. Um uns bewusstzumachen, wie reich wir in Wahrheit sind, brauchen wir nur unser Leben mit jenem Existenzkampf zu vergleichen, dem unsere Vorfahren ausgesetzt waren und den auch die Mehrheit der heutigen Menschen immer noch zu bestehen hat. Viele von uns leben heutzutage besser als vor ein paar Jahrhunderten Könige und Königinnen.

Welchen individuellen Problemen und Herausforderungen wir uns auch immer gegenübersehen mögen, wichtig ist, dass wir trotzdem ab und zu innehalten und dankbar anerkennen, was wir haben, auf allen Ebenen. Wir sollten uns all unserer Segnungen bewusst werden, für sie danken, uns an ihnen erfreuen und den Reichtum genießen, über den wir jetzt bereits verfügen.

Dabei kann es hilfreich sein, wenn Sie eine Liste all der Dinge aufstellen, für die Sie dankbar sind und die Sie in Ihrem Leben zu schätzen wissen. Legen Sie die Liste in Ihr Notizbuch und ergänzen Sie sie jedes Mal, wenn Ihnen wieder etwas Neues einfällt oder wenn etwas besonders Erfreuliches geschieht. Sie können diese Liste auch in verschiedene Bereiche unterteilen, etwa Ihr Zuhause, Beziehungen zu anderen Menschen, den Beruf und so weiter.

Nehmen Sie sich morgens vor dem Aufstehen oder abends vor dem Einschlafen ein, zwei Minuten Zeit, sich behaglich in Ihr Bett zu kuscheln und über all das nachzudenken, für das Sie in Ihrem Leben dankbar sind. Wenn es etwas gibt, worüber Sie sich Sorgen machen, brauchen Sie das nicht zu verdrängen. Erkennen Sie auch dieses Gefühl an. Lassen Sie es einfach da sein, aber spüren Sie daneben auch Ihre Dankbarkeit für das, was in Ihrem Leben *funktioniert*. Möglicherweise sind Sie dazu nicht jeden Tag in der Lage, aber wenn Sie diese Dankbarkeits-Übung möglichst oft machen, wird sich Ihr Reichtums-Bewusstsein dadurch enorm erweitern, und Sie schaffen Raum dafür, neue Reichtümer in Ihr Leben strömen zu lassen.

Machen Sie es sich ebenfalls zur festen Gewohnheit, Ihre Dankbarkeit und Anerkennung gegenüber jenen Menschen in Ihrem Leben auszudrücken, die auf vielfältige Weise zu Ihrem Glück und Wohlergehen beitragen. Zeigen Sie ihnen durch Worte und Taten, wie viel sie Ihnen bedeuten.

Zweiter Schritt: Bewusstheit

Bei uns allen gibt es bestimmte Ideen, Einstellungen, Kernglaubenssätze und emotionale Muster, die unserer Fähigkeit, Reichtum zu erfahren, Grenzen setzen. Tief verwurzelte Minderwertigkeitsgefühle, Glaube an Armut und Mangel, Angst vor Versagen oder Erfolg, widerstreitende Gefühle und Überzeugungen in Bezug auf Geld und viele andere Komplexe können unserem Wachstum und Streben nach Erfüllung im Weg stehen.

Zudem haben wir, wie bereits dargelegt, bestimmte Energien übermäßig entwickelt, während wir andere unterdrücken und verleugnen, wodurch wir uns im Ungleichgewicht befinden und in bestimmten Lebensbereichen nicht effektiv zu handeln vermögen.

Die meisten dieser Glaubenssätze und Verhaltensmuster sind uns anfänglich nicht bewusst. Doch auch wenn wir sie ins Unterbewusstsein verdrängt haben, beherrschen sie unser Leben. Sobald wir sie bewusst zur Kenntnis nehmen, wächst unsere Entscheidungsfreiheit, und neue Lebensperspektiven tun sich für uns auf.

Einer der wichtigsten Schritte in unserem Wachstumsprozess ist das Erkennen der unbewussten negativen Muster in uns. Er ist aber auch einer der schwierigsten und unangenehmsten. Sobald wir ein Problem erkannt haben, sind wir bereits auf dem Weg zur Heilung. Diese Heilung benötigt jedoch Zeit. Bis dahin werden wir noch öfter erleben, dass wir das alte negative Muster wiederholen.

Es ist schwer, dabei nicht frustriert und übermäßig selbstkritisch zu werden. Wir müssen begreifen, wie wichtig dieser Schritt hin zu größerer Bewusstheit für unser Leben ist. Solange wir unbewusst handeln, können wir bestimmte Verhaltensmuster endlos wiederholen, ohne daraus etwas zu lernen. Wenn wir anfangen, uns selbst bewusster wahrzunehmen, erkennen wir, wie wir uns immer wieder in die gleichen Reaktionsmuster verstricken. Dabei lernen wir eine Menge und kommen in Kontakt mit unserem Schmerz. Dadurch werden wir fähig, andere Verhaltensweisen zu erproben, die zu positiveren Resultaten führen. So tritt allmählich eine Veränderung zum Besseren ein. Wir brauchen diese Veränderung nicht durch aktiven Willenseinsatz herbeizuzwingen. Es genügt, wenn wir uns darauf konzentrieren, unsere Bewusstheit zu erweitern. Dann folgen die Veränderungen ganz von selbst.

Dritter Schritt: Heilung

Zwar können wir keine Veränderungen erzwingen, aber wir können den Veränderungsprozess, den wir durchmachen, unterstützen und erleichtern. Im sechsten Kapitel habe ich eine wirkungsvolle Methode beschrieben, wie wir mehr Gleichgewicht und Ganzheit in unser Leben bringen können. Natürlich gibt es noch viele andere Wege, wie wir unsere Heilung und unser persönliches Wachstum fördern können. Auf unserem Weg werden wir von Zeit zu Zeit unterschiedlichen Hilfsmitteln und Methoden den Vorzug geben, und manches, was dem einen sehr gut hilft, erweist sich bei anderen als unwirksam. Ich glaube, dass wir intuitiv spüren, was gerade richtig für uns ist, und dass wir lernen können, diesem Gefühl zu vertrauen und zu folgen.

Unsere Heilungsarbeit muss auf allen Ebenen der Existenz stattfinden. Diesen Prozess habe ich in meinem Buch *Die vier Stufen der Heilung: Das Geheimnis gesunden Lebens auf den vier Ebenen der Existenz* ausführlich beschrieben. Darin sind viele praktische Hinweise und Übungen enthalten.

Ich wünschte, ich könnte Ihnen eine einfache Zauberformel zur Heilung Ihres Lebens anbieten. Doch es gibt dafür keinen raschen, einfachen Weg, denn auf einer tiefen Ebene ist Heilung eine lebenslange Aufgabe. Lehrer und Heiler, die Ihnen schnelle, sichere Erfolge und einfache Lösungen versprechen, befinden sich entweder im Irrtum oder sind nur darauf erpicht, ihre Produkte zu verkaufen. (Wobei sie aber möglicherweise durchaus einige wertvolle Puzzleteile anzubieten haben.) Wir müssen der Tatsache ins Auge sehen, dass Heilung und persönliche Entwicklung lebenslange Abenteuer sind, und lernen, unsere Odyssee zu genießen!

Auch ist es sehr wichtig, dass wir uns, wann immer es erforderlich ist, von anderen helfen lassen. Gute Therapeuten, Lehrer, Heiler, Selbsthilfegruppen, Freunde oder Mentoren können für unseren Heilungsprozess von unschätzbarem Wert sein.

Vierter Schritt: Der inneren Wahrheit folgen

Wir alle besitzen tief im Innern ein Gefühl dafür, was wir wirklich brauchen und was richtig und wahr für uns ist. Um den Zugang zu dieser inneren Wahrheit zu finden, müssen wir auf unsere Empfindungen und intuitiven Eingebungen achten. Wir müssen lernen, uns selbst aufmerksam zuzuhören und unserem inneren Wissen zu vertrauen. Und wir müssen das Wagnis eingehen, entsprechend dem zu handeln, was wir innerlich als wahr erkannt haben. Selbst die Fehler, die wir dabei machen, sind ein unverzichtbarer Teil unseres Lern- und Entwicklungsprozesses.

Hier ist eine einfache Übung, mit der Sie sich auf Ihre innere Weisheit einstimmen können:

Suchen Sie sich einen bequemen, ruhigen Ort, wo Sie für ein paar Minuten ungestört sind. Wenn möglich, gehen Sie dazu nach draußen in die Natur, doch selbstverständlich können Sie auch an einem friedlichen Platz im Haus üben. Setzen oder legen Sie sich bequem hin. Schließen Sie die Augen und konzentrieren Sie sich auf Ihren Atem. Atmen Sie langsam und tief. Jedes Mal wenn Ihre Gedanken davoneilen, bringen Sie Ihre Aufmerksamkeit wieder sanft zu Ihrem Atem zurück und entspannen Ihren Körper.

Richten Sie Ihre Aufmerksamkeit nun auf die Herzgegend oder den Bauch. Stellen Sie sich vor, dass dort ein sehr weiser Teil Ihres Wesens wohnt und dass dieser Wesensteil eine wichtige Botschaft für Sie hat. Bitten Sie um die Botschaft und achten Sie auf Gedanken, Gefühle oder innere Bilder, die sich daraufhin einstellen. Akzeptieren Sie alles, was Sie in sich wahrnehmen, und lassen Sie es einen Moment auf sich einwirken. Machen Sie sich keine Sorgen, wenn Sie die Botschaft momentan noch nicht völlig verstehen. Bleiben Sie einfach ein wenig still sitzen und verweilen Sie bei dem, was Sie innerlich wahrnehmen. Fragen Sie Ihre innere Führung, ob es noch etwas gibt, dessen Sie sich bewusst werden oder woran Sie sich erinnern sollten. Danken Sie dann Ihrer inneren Führung. Wenn Sie das Gefühl haben, dass die Übung beendet ist, öffnen Sie die Augen. Machen Sie sich, wenn Sie möchten,

Notizen über das, was Sie während der Übung erlebt haben.

Diese einfache Meditation sollten Sie möglichst oft anwenden. Es ist wunderbar, sie früh am Morgen oder abends vor dem Schlafengehen zu praktizieren. Mit etwas Übung werden Sie so die Fähigkeit entwickeln, innere Führung zu erhalten und sie in Ihrem Leben praktisch anzuwenden.

Fünfter Schritt: Eine Vision erschaffen

Wie würde ein wahrhaft reiches, erfülltes Leben für Sie aussehen? Wo und wie würden Sie leben? Wie würden Sie sich dabei fühlen? Wie würde es Ihnen körperlich gehen? Wie sähen Ihre Beziehungen zu anderen Menschen aus? Welchem Beruf oder welcher Form kreativen Selbstausdrucks würden Sie nachgehen? Welche weiteren Aspekte Ihres Lebensstils können Sie sich ausmalen? Wie würde ein typischer Tag für Sie aussehen? Wie würden Sie sich am Abend eines solchen Tages fühlen?

Es ist wichtig, dass Sie sich das alles sehr lebendig und bildhaft vorstellen. Unsere Vorstellungskraft ist ein starkes und wirkungsvolles schöpferisches Werkzeug. Wenn wir in der Lage sind, uns etwas ganz lebhaft vorzustellen, öffnet das häufig die Tür dazu, dass es sich in unserem Leben manifestiert.

Denken Sie immer daran, dass niemand von uns in einem Vakuum existiert. Die Welt um uns herum übt einen starken Einfluss auf uns aus, und wir beeinflussen genauso intensiv unsere Umwelt, ob wir uns dessen nun bewusst sind oder nicht. Wir sind ein integraler Bestandteil des Ganzen. Wir können selbst nur in dem Maß wahrhaft reich sein, wie *unsere Welt* reich ist. Und unsere Welt kann nur wirklich reich sein, wenn wir lernen, der Erde, auf der wir leben, und allen anderen Geschöpfen, mit denen wir sie teilen, mit Achtung zu begegnen.

In unserer modernen Zivilisation haben viele von uns das Glück, unter Bedingungen zu leben, bei denen wir uns den Luxus bewusster Persönlichkeitsentwicklung leisten können. Das sollte uns veranlassen, mit unseren Erkenntnissen einen Beitrag zu leisten, um die Welt zu einem lebenswerteren, reicheren Ort für alle Menschen zu machen.

Diesen Beitrag können wir, da wir letztlich alle Teil eines großen Bewusstseins sind, am wirkungsvollsten leisten, indem wir bewusst die Verantwortung für unsere eigene Heilung übernehmen. Je bewusster und innerlich ausgewogener wir werden, je mehr wir nach Integrität streben und unserer inneren Wahrheit folgen, desto mehr Heilung bringen wir in die Welt. Auch sollten wir unsere innere Führung fragen, ob es bestimmte Aktivitäten gibt, die wir entfalten sollten, um auf praktische Weise zu einer besseren Welt beizutragen.

Erschaffen Sie sich eine Wohlstandsvision für sich selbst und die ganze Menschheit, die im Einklang mit der Natur und der Erde steht. Das können Sie in stiller Meditation tun, Sie können aber auch eine Beschreibung Ihrer Vision schriftlich festhalten. Vielen Menschen macht es Freude, ein Bild ihrer Vision zu zeichnen oder zu malen. Oder Sie stellen eine Collage aus

Fotos, Postkarten, Zeitungsausschnitten und in der Natur gesammelten Dingen her – Sie können alles verwenden, was Ihnen etwas bedeutet –, die Sie auf einen großen Bogen Papier oder Pappe kleben. Hängen Sie das Bild an die Wand, und jedes Mal, wenn Sie Ihre Vision betrachten, laden Sie sie mit Energie auf.

Sechster Schritt: Sich Ziele setzen

Wenn Sie zu einer umfassenden Vorstellung davon gelangt sind, was wahrer Reichtum und ein wahrhaft reiches Leben für Sie bedeuten, können Sie darangehen, sich ein paar spezifische Ziele zu setzen. Es gibt im Leben Phasen, in denen es hilfreich ist, sich konkrete Ziele zu setzen, und andere Phasen, während denen man sich besser nicht auf feste Ziele konzentriert, sondern einfach schaut, wohin das Leben einen führt. Wenn Sie das Gefühl haben, dass diese Zielsetzungs-Übung im Moment nicht das richtige ist, verschieben Sie sie einfach auf einen späteren Zeitpunkt. Wenn die Beschäftigung mit Ihren Zielen aber im Moment spannend und interessant erscheint, sollten Sie es auf jeden Fall versuchen.

Beginnen Sie damit, sich ein Notizbuch zuzulegen, in dem Sie Ihre Ziele schriftlich festhalten. Stellen Sie zunächst eine Liste jener Aspekte auf, die für Ihr Leben eine wichtige Rolle spielen. Zum Beispiel:
- persönliches Wachstum
- Gesundheit/äußere Erscheinung
- zwischenmenschliche Beziehungen

- Beruf/Karriere
- Finanzen
- Zuhause/persönlicher Besitz
- Erholung/Reisen
- Kreativer Selbstausdruck/besondere Interessen
- Dienst an der Allgemeinheit

Schreiben Sie je eine dieser Kategorien oben auf eine leere Seite.

Denken Sie dann über Ihre eher langfristigen Ziele nach. Was möchten Sie in jeder dieser Kategorien in fünf bis zehn Jahren erreicht haben? Notieren Sie auf jeder Seite ein oder zwei langfristige Ziele in dem jeweiligen Bereich. Wenn Sie möchten, können Sie Ihre Ziele als Affirmationen in der Gegenwartsform formulieren, so, als seien sie bereits Wirklichkeit.*

Setzen Sie sich nun in jeder Kategorie ein oder zwei Ein-Jahres-Ziele. Bleiben Sie dabei realistisch. Übertriebene Erwartungen haben letztlich nur Enttäuschungen zur Folge.

Gehen Sie jetzt noch einmal alle Kategorien durch und notieren Sie ein bis drei praktische Schritte, die Sie dem jeweiligen Ziel ein Stück näher bringen. Wählen Sie ein paar Schritte aus, die Sie innerhalb der nächsten Monate in Angriff nehmen wollen.

Hier sind ein paar Beispiele für langfristige Ziele, kurzfristigere Ziele und konkrete Handlungsschritte:

---

* Ausführliche Erläuterungen zum Thema Affirmationen finden Sie in meinem Buch *Gesund denken. Kreativ visualisieren.*

Beruf/Karriere
Langfristiges Ziel: Familientherapeut werden.
Ein-Jahres-Ziel: Eine entsprechende Weiterbildung machen.
Handlungsschritte:
1. Mir Informationsmaterial mehrerer Einrichtungen besorgen, die eine solche Zusatzausbildung anbieten.
2. Das Material sorgfältig studieren und mich für das mir am geeignetsten erscheinende Angebot entscheiden.
3. Die Anmeldeformulare ausfüllen und abschicken.

Kreativer Selbstausdruck
Langfristiges Ziel: Klavierspielen lernen.
Ein-Jahres-Ziel: Klavierunterricht nehmen.
Handlungsschritte:
1. Mich bei einem befreundeten Musiker nach geeigneten Lehrern erkundigen.
2. Mich bei einem Händler über die Konditionen zum Mieten eines Klaviers informieren.

Wenn Sie sich Ihre Ziele gesetzt haben, sollten Sie sie für eine Weile beiseite legen. Werfen Sie gelegentlich einen Blick darauf und nehmen Sie, falls erforderlich, Aktualisierungen vor. Vergessen Sie nicht, sich für die Aktivitäten, die Sie entfaltet, und die Fortschritte, die Sie gemacht haben, anzuerkennen.

Ziele können uns helfen, Klarheit, Inspiration und eine Bündelung unserer Energien zu erreichen. Doch sie können gegen uns arbeiten, wenn wir allzu starr an ihnen festhalten oder zu krampfhaft versuchen, sie zu verwirklichen. Nehmen Sie daher eine gelassene, etwas losgelöste Haltung an und versteifen Sie sich nicht zu sehr darauf, wann und wie Ihre Ziele Wirklichkeit werden sollen. Überlassen Sie es der höheren schöpferischen Macht des Universums, sich um die Details zu kümmern.

Bewahren Sie sich bei der Verfolgung Ihrer Ziele stets eine gewisse spielerische Leichtigkeit. Lassen Sie zu, dass Ihre Ziele sich weiterentwickeln und verändern wie Sie selbst. Einige Dinge werden sich so entfalten, wie Sie es sich erhoffen, andere nicht. Möglicherweise entwickelt sich Ihr ganzes Leben unerwartet in eine völlig andere Richtung. Denken Sie immer daran, dass unsere Seelen eine Bestimmung in diesem Leben haben, die für uns nicht immer offensichtlich ist. Alles, was mit uns geschieht, ist Teil unserer Seelenreise.

Lernen Sie aus allem, mit dem das Leben Sie konfrontiert. Hören Sie auf Ihre Intuition. Wenn ein Ziel, das Sie sich gesetzt haben, im Einklang mit Ihrer höheren Bestimmung ist, wird es sich auf ganz natürliche, harmonische Weise verwirklichen. Lassen Sie sich von Ihrer inneren Führung den Weg weisen.

Siebter Schritt:
Ihre Gaben mit anderen teilen

Wenn Sie die hier beschriebenen Schritte ausführen, werden Sie auf natürliche Weise die besonderen Talente und Fähigkeiten zum Ausdruck bringen und entwickeln, die Sie in dieses Leben mitgebracht haben. Wenn Sie auf Ihr Herz hören und sich ganz Ihrer Heilung und Ihrem Wachstum widmen, können Sie gar nicht anders, als immer mehr zu dem zu werden, was Sie Ihrer Bestimmung gemäß sein sollen!

Unsere besonderen Talente zu erkennen fällt uns oft schwer, weil sie uns so selbstverständlich und natürlich erscheinen, dass wir glauben, sie seien überhaupt nichts Besonderes. Alles, was uns magisch anzieht, was wir unbedingt tun müssen, ist ein Hinweis auf unsere Bestimmung. Dinge, denen wir uns mit Hingabe widmen, führen uns zu unserer Lebensaufgabe.

Fragen Sie sich: »Welche Tätigkeiten machen mir besonders viel Freude? Wozu fühle ich mich ganz unwiderstehlich hingezogen?«

Ich rede zum Beispiel ständig über Bewusstseinswachstum, ich kann gar nicht anders. Die Entwicklung unserer Bewusstheit ist ein Prozess, der mich sehr fasziniert, und ich tausche mich leidenschaftlich gern mit anderen Menschen darüber aus. Wie die Dinge sich entwickelt haben, verdiene ich heute meinen Lebensunterhalt damit, dass ich Bücher über Bewusstseinswachstum schreibe und Seminare zu diesem Thema veranstalte. Ich hatte es nicht so geplant und auch nicht vorausgesehen, dass es einmal so kommen würde. Ich bin einfach meinen Interessen und Wünschen gefolgt, und mein Leben hat sich ganz natürlich in diese Richtung entwickelt.

Wenn unsere Fähigkeit, anzunehmen, zu empfangen und Erfolg zu haben, nicht blockiert ist, belohnt uns das Leben stets angemessen für das, was wir selbst geben. Indem wir dem Ruf folgen, den wir in uns vernehmen, finden wir eine für uns angemessene Form des Lebensunterhaltes. Im Grund genommen werden wir vom Universum dafür bezahlt, dass wir unser Selbst auf bestmögliche Weise zum Ausdruck bringen!

Es gibt kaum eine größere Erfüllung im Leben, als die eigenen Gaben mit anderen zu teilen und einen positiven Beitrag zum Wohl aller zu leisten, und dieser Aspekt ist unerlässlich, um wahren Reichtum erfahren zu können. Wenn wir mit Integrität und Leidenschaft unser Leben leben, wird unser Reichtums-Bewusstsein sich kontinuierlich erweitern.

9. KAPITEL

Ein Gespräch mit Shakti

Während unserer gemeinsamen Arbeit an diesem Buch ergaben sich mehrere interessante Gespräche zwischen Shakti und mir, bei denen ich ihr Fragen zu den verschiedenen Themen des Buches stellte. Da wir glauben, dass einige dieser Fragen und Antworten für die Leser von Wert sein könnten, beschlossen wir, sie in das Buch aufzunehmen.

KATHERINE DIETER, LEKTORIN

? *Dass ich mir über meine Bedürfnisse klar werden soll, klingt so einfach, aber ich bin vierzig Jahre alt und habe diesbezüglich immer noch keine Klarheit gefunden. Da ist so vieles: mehr Zeit für mich allein, das Pflegen sozialer Kontakte, Geld, mehr Freizeit – Dinge, die offensichtlich miteinander in Konflikt stehen. Womit soll ich anfangen?*

Antwort Es kann schwierig sein, zu erkennen, was wir wirklich brauchen, und die richtigen Prioritäten zu setzen. Zunächst einmal kommt es vor allem darauf an, aufmerksam in sich hineinzuhorchen.

Wonach *sehnst* du dich wirklich? Wenn Menschen eine Katastrophe erleben und alles verlieren, sind sie gezwungen, ihr Leben rasch völlig neu zu ordnen. Was wäre in einer solchen Situation für dich am wichtigsten? Was brauchst du wirklich für dein Wohlbefinden?

Ja, in der Tat gibt es in uns viele einander widersprechende Stimmen, da das Leben, wie ich immer wieder betone, voller Polaritäten ist. Wir brauchen Zeit für uns allein und ebenso auch Kontakte zu anderen Menschen. Aber beispielsweise könnte es ja sein, dass soziale Kontakte auf gesellschaftlicher Ebene dir weit weniger bedeuten als der tiefe, regelmäßige Kontakt zu einigen wenigen nahen Freunden.

Vielleicht gelingt es dir, einige der für dich weniger erfüllenden sozialen Verpflichtungen aus deinem Terminkalender zu streichen und dich auf jene Begegnungen mit anderen zu konzentrieren, die dir größere Befriedigung schenken. So würdest du dann mehr Zeit gewinnen, die du für dich allein hättest.

Mir ist klar, dass das nicht leicht ist. Aber nur auf diesem Weg können wir größere Bewusstheit entwickeln. Wir sollten uns immer wieder die Frage stellen: »Was ist wirklich wichtig für mich?« Und die Antworten darauf sollten wir ständig weiterentwickeln und verfeinern. Unsere Bedürfnisse und Wünsche wandeln sich mit der Zeit. Während wir bestimmten Aktivitäten nachgehen, die uns wichtig sind, und dabei bestimmte Aspekte unseres Wesens weiterentwickeln, kann es gut sein, dass unsere Prioritäten sich ändern.

Bei mir war die Arbeit zum Beispiel lange Zeit eine

wichtige Quelle von Befriedigung und Erfüllung. Das verändert sich nun ein wenig. Im beruflichen Bereich habe ich viele meiner Bedürfnisse und Wünsche inzwischen befriedigt. Heute wünsche ich mir mehr Zeit für mich selbst, und ich möchte andere Bereiche meiner Kreativität erkunden. Das führt dann dazu, dass ich auch in meiner Arbeit neue Wege gehe.

? *Warum weiß ich offenbar sehr gut, was meine Familie und meine Freunde brauchen, während ich mir über meine eigenen Bedürfnisse nicht im klaren bin?*

Antwort Wenn du dich bislang stark mit der Rolle als fürsorgliche Mutter identifiziert hast, die versucht, es allen recht zu machen, ist es nachvollziehbar, dass du die Bedürfnisse anderer Leute besser kennst als deine eigenen. Du musst lernen, nicht deine ganze Aufmerksamkeit auf andere zu richten, sondern dich mehr mit dir selbst zu beschäftigen.

Das braucht Übung, wie alles, was wir zu meistern versuchen. Die meisten von uns sind dazu erzogen worden, nicht auf ihre tieferen Bedürfnisse zu achten. Wir haben nicht gelernt, in dieser Hinsicht achtsam mit uns selbst umzugehen. Doch mit etwas Hilfe und Übung kannst du es bestimmt lernen.

? *Was ist, wenn ich eine Million Probleme habe – gesundheitlich, finanziell, in meinen Beziehungen? Wo soll ich anfangen?*

Antwort Wenn du eine Million Probleme hast, bedeutet das gewöhnlich, dass sich ein paar grundlegende Probleme in vielfältiger Gestalt zeigen. Du musst nach diesen *Grundproblemen* suchen, die dir auf den verschiedenen Ebenen zu schaffen machen – emotional, spirituell, physisch, geistig –, und dann an ihnen arbeiten. Wenn du genau hinschaust, was sich unter der Oberfläche abspielt, lassen sich nahezu alle Probleme in deinem Leben, ganz gleich, ob es um Geld, deine Gesundheit oder deine Beziehungen geht, auf die gleichen Lebenslektionen zurückführen. Indem du dich diesen Lektionen stellst, kannst du wachsen und dich weiterentwickeln.

? *Du sagst, Reichtum hänge zu einem großen Teil davon ab, dass wir die Polaritäten in uns und in unserem Leben ins Gleichgewicht bringen. Heißt das, dass mir um so schlimmere Niederlagen und Tiefschläge drohen, je glücklicher und reicher ich werde?*

Antwort Nein, ganz im Gegenteil. Wenn du dich stark mit einer Seite einer Polarität identifiziert hast und fast nur aus dieser Perspektive lebst, wird das Leben dich früher oder später in die Gegenrichtung zwingen, damit du lernst, dich auch für den anderen Pol zu öffnen und ihn zu akzeptieren.

Hast du dich dagegen bewusst mit beiden Seiten auseinander gesetzt und sie akzeptiert, dann »enthältst« du diese beiden Pole bereits. Das ist eine sehr stabile Position. Wenn du beide Aspekte in dir entwickelst oder zumindest ihr Vorhandensein bewusst zur Kenntnis nimmst, stabilisiert dich das. Die Wahrscheinlichkeit, dass du ein negatives Extrem erlebst, ist dann viel geringer.

? *Ich habe Angst, zu glücklich zu werden, weil ich sonst möglicherweise auch eine ebenso große Traurigkeit erleben muss. Muss zwangsläufig immer etwas Negatives passieren, wenn es mir sehr gut geht?*

Antwort Wenn du immer nur glücklich sein willst und nichts anderes als Glücklichsein zu akzeptieren bereit bist, identifizierst du dich völlig mit der einen Seite einer Polarität und leugnest die andere, vermutlich aus Angst. Dann ist es gut möglich, dass das Leben dich in eine Situation zwingt, wo du Traurigkeit erfährst und lernen musst, dieses Gefühl zuzulassen.

Akzeptierst du dagegen beide Polaritäten und machst dir klar, dass unser Leben aus glücklichen und aus traurigen Momenten besteht, kannst du Zeiten der Trauer viel besser überstehen. Du weißt dann, dass Trauer nur die eine Seite ist. Der Glaube daran, dass du im Leben Freude und Erfüllung finden kannst, geht dir nicht verloren, nur weil du gerade eine schwere Stunde durchmachst.

? *Ich habe heute weniger Geld zur Verfügung als vor fünf Jahren, fühle mich aber trotzdem reicher. Wie kommt das? Liegt es daran, dass ich heute weniger* *ängstlich bin als damals, oder verschließe ich einfach die Augen vor meinem finanziellen Mangel? Mache ich Fortschritte, oder verdränge ich nur etwas Unerfreuliches?*

Antwort Ich denke, dass es sich wohl eher um einen Fortschritt handelt. Reichtum hängt weniger von unserer finanziellen Situation ab als davon, inwieweit unsere Bedürfnisse im Leben befriedigt werden.

Wahrscheinlich bist du heute besser in Kontakt zu dir selbst, wodurch automatisch deine persönlichen Bedürfnisse besser befriedigt werden – vielleicht werden sie noch nicht völlig befriedigt, aber doch besser als früher. Wenn du heute mehr im Einklang mit dir selbst bist, spielt es dabei keine Rolle, dass du über etwas weniger Geld verfügst.

? *Und wenn ich über deutlich weniger Geld verfüge? Heißt das, dass ich mir irgend etwas genauer ansehen muss?*

Antwort Dann solltest du dich fragen, welche inneren Zustände sich in deiner finanziellen Situation spiegeln. Vielleicht ist es an der Zeit, etwas zu verändern, so dass mehr heilende Energie in dein Leben fließen kann.

? *Könntest du etwas zum Problem des inneren Widerstandes sagen? Oft wissen wir zwar, was gut für uns wäre, aber wir handeln nicht danach. Jeder, der schon* *mal eine Diät gemacht hat oder mit einem Suchtproblem zu kämpfen hatte, weiß, wovon ich rede.*

Antwort Wenn wir uns innerlich gegen etwas sträuben, ist es wichtig, dass wir diesen Widerstand anerkennen und herausfinden, was dahinter steckt. Wir neigen dazu, uns mit Selbstvorwürfen zu quälen, wenn uns innerer Widerstand zu schaffen macht. Aber es gibt für diesen Widerstand einen Grund. Statt mit Gewalt dagegen anzugehen oder ihn zu verdrängen, sollten wir innehalten und herausfinden, was in diesem Moment das richtige für uns ist.

Zum Beispiel: »Ein Teil von mir will nicht, dass ich das jetzt tue, ja, *hindert* mich sogar daran. Was ist das für ein Teil, und warum empfindet dieser Teil so?«

Schenke dem, was dich hindert, liebevolle Beachtung, und zwar sofort, wenn dieser innere Widerstand auftritt. Wenn du das tust, findest du meistens heraus, dass es einen guten Grund für den Widerstand gibt. Sobald wir ihn bewusst wahrnehmen und seine Berechtigung als Teil des Ganzen anerkennen, kann eine Veränderung eintreten.

Du solltest einmal überprüfen, wie wichtig das starre Einhalten von Regeln für dich ist und wie sehr du dich mit der autoritären Stimme in dir identifizierst. Autoritäre Energie bringt stets rebellische Energie als Gegenpol hervor, was entweder zu inneren Konflikten oder zu Konflikten mit anderen Menschen führt.

Widerstand ist eine Reaktion auf übermäßigen Druck. Welcher Teil von dir ist für diesen inneren Druck verantwortlich? Wenn eines deiner primären

Selbste allzu heftig darauf pocht, dass die Dinge auf eine ganz bestimmte Weise zu geschehen haben, kann das rebellische oder widerstrebende Energien auf den Plan rufen.

? *Trifft das auch auf Suchtprobleme zu?*

Antwort Menschen mit ernsten Suchtproblemen haben beinahe ausnahmslos sehr autoritäre innere Stimmen, die die Werte ihrer Eltern, ihrer Familie oder einer Religion repräsentieren. Als Reaktion auf diese autoritären Stimmen entwickelt sich eine ausgeprägte rebellische Energie, die sich mit dem Muster der Sucht verbindet.

Der innere Dialog läuft etwa folgendermaßen ab:

Autoritäre Stimme: »Du solltest fleißig arbeiten und immer ernsthaft und verantwortungsbewusst sein! Du solltest nur gesunde, vollwertige Nahrung zu dir nehmen! Du solltest jeden Sonntag in die Kirche gehen! Du solltest deinen Kindern ein perfekter Vater/eine perfekte Mutter sein! Du solltest immer positiv denken!« Und so weiter, und so weiter.

Rebellische Stimme: »Ach, wirklich? Da geh ich doch lieber aus und genehmige mir ein paar Drinks!« (Oder eine Riesenportion Eis, oder was auch immer.)

Das Suchtverhalten bringt die autoritäre Stimme vorübergehend zum Schweigen. Doch am nächsten Morgen ist sie wieder da, stärker denn je:

»Also, gestern Abend hast du dich wirklich unmöglich benommen! Von jetzt an musst du doppelt so hart arbeiten, um als anständiger Mensch durchzugehen!«

Der süchtige Mensch ist im Teufelskreis dieser widerstreitenden Energien gefangen, bis er zu größerer Einsicht über seinen Zustand gelangt und fähig wird, bewusstere Entscheidungen zu treffen.

? *Mein Denken kreist ständig um Mangel, um das, was mir fehlt. Nie ist etwas genug. Affirmationen scheinen das einzige Mittel gegen dieses hartnäckige Gefühl des Mangels zu sein. Gibt es noch etwas anderes, was ich tun kann?*

Antwort Affirmationen sind immer hilfreich, aber ich denke, noch wirkungsvoller wäre es, wenn du dich bewusst mit jenem Teil in dir beschäftigst, der diese Gefühle hat.

Vermutlich fühlt das Kind in dir sich schutzlos und minderwertig. In jedem von uns gibt es ein verwundetes Kind, und wir alle müssen dieses innere Kind akzeptieren und bewusst mit ihm arbeiten. Wie kannst du deinem inneren Kind helfen, sich besser zu fühlen? Welche deiner Stärken kannst du einsetzen, um es zu unterstützen, statt seine Existenz zu verdrängen? Vielleicht wirst du dazu die Unterstützung eines Therapeuten oder einer Selbsthilfegruppe benötigen. Dieser sehr tief gehende Prozess braucht Zeit, aber ob und wie du wahren Reichtum erleben kannst, hängt entscheidend davon ab, wie es deinem inneren Kind geht.

? *Gibt es in unserem Leben tatsächlich Momente, in denen wir nicht in irgendwelchen Verhaltensmustern gefangen sind?*

Antwort Ja, wir können durchaus Augenblicke echter Bewusstheit erleben, kurze Phasen, in denen wir frei von unseren unbewussten Mustern sind. Anschließend fallen wir wieder in diese Muster zurück, um irgendwann erneut für ein paar klare Augenblicke, vielleicht sogar einen ganzen Tag, aus ihnen aufzutauchen. Selbst wenn wir uns nicht bewusst unserer persönlichen Entwicklung widmen, verhilft das Älterwerden und die damit verbundene Reife uns zu größerer Einsicht und Bewusstheit bezüglich unserer Verhaltensmuster. Wir werden fähig, uns von Mustern zu lösen, die nicht gut funktionieren. Wenn wir uns auf persönliches Wachstum konzentrieren, erhöht sich unsere Bewusstheit im Lauf des Lebens stetig. Sie kann sich immer mehr verbessern, je älter wir werden.

? *Ich kann mir nur schwer vorstellen, dass jemand bewusst darauf hinarbeitet, verletzlicher zu werden. Für mich heißt Verletzlichkeit, sich Schmerzen auszusetzen. Kann ein Mensch in seiner Heilung tatsächlich so weit kommen, dass er freiwillig verletzlich wird? Wie soll man das erreichen?*

Antwort Ja, du kannst dich für deine Verletzlichkeit öffnen. Wir müssen uns dafür öffnen – ganz einfach, weil wir verletzlich *sind*. Verletzlichkeit ist Teil der menschlichen Lebenserfahrung. Es ist einfach eine Tatsache des Lebens, dass wir verletzt werden können. Paradoxerweise fühlen wir uns nur dann wirklich geliebt, wenn wir unsere Verletzlichkeit zeigen können und das Gefühl haben, dass sie von anderen akzeptiert wird.

Es kommt darauf an, genügend innere Stärke zu entwickeln, um der eigenen Verletzlichkeit ins Auge sehen zu können. Innere Stärke bedeutet nicht, niemals verletzt zu werden, denn das bleibt keinem von uns erspart. Doch wenn du über genügend innere Stärke und Selbstachtung verfügst, wirst du dich nicht von anderen missbrauchen lassen. Wenn eine Situation erschreckend oder schmerzhaft ist, wirst du tun, was zu tun ist, um möglichst gut für dich selbst zu sorgen. Natürlich musst du deine Verletzlichkeit in gewisser Weise begrenzen. Sie darf nicht so weit führen, dass du dich von den Leuten ausnutzen oder in anderer Hinsicht schlecht behandeln lässt. Es kommt darauf an, Verletzlichkeit zuzulassen und zugleich genug innere Stärke aufzubauen, um sie angemessen schützen zu können.

? *Als du bei einem deiner Vorträge zum Thema Reichtum kürzlich gesagt hast, dass es nicht unbedingt jedem Menschen bestimmt ist, viel Geld zu verdienen, ging ein enttäuschtes Raunen durch den Saal. (Ich selbst war auch enttäuscht: Ich hatte mir schon lebhaft ausgemalt, bald eine eigene Yacht zu besitzen.) Wie erklärst du dir diese Reaktion?*

Antwort Ich glaube, dass wir diese Wahl auf einer sehr tiefen Ebene selbst treffen. Es ist nicht so, dass ein Gott irgendwo dort draußen entschieden hat: »Okay, du da wirst reich sein, und du dort wirst arm sein und bist zu einem Leben in Armut verdammt, mache also das Beste daraus.«

Ich denke, dass unsere Seele sich aussucht, welche Lernerfahrungen sie in diesem Leben machen will und was wir jeweils brauchen, um uns als menschliche Wesen weiterzuentwickeln. Wir alle stehen vor der Herausforderung, innerhalb der besonderen Lebensumstände, die wir in unserem Leben erschaffen haben, wahren Reichtum zu finden.

? *Ich weigere mich zu glauben, dass es zu meiner Seelenreise gehören soll, mein ganzes Leben hindurch ständig pleite zu sein. Ich verwende das emotional sehr aufgeladene Wort »weigern«. Bedeutet das, dass es in mir ein verdrängtes Selbst oder eine unterdrückte Energie gibt?*

Antwort Das ist gut möglich, denn wenn starke Emotionen im Spiel sind, steht meistens eine verdeckte Energie dahinter.

Vielleicht verdrängst du jenen Teil in dir, der mit sehr wenig glücklich wäre – deine innere Asketin. Es mag auch einen Teil in dir geben, der denkt: »Solange ich nicht über viel Geld verfüge, können meine Bedürfnisse niemals befriedigt werden.«

Durch eine solche Einstellung wärst du womöglich für den Rest deines Lebens dazu verurteilt, unglücklich zu sein. Was wäre, wenn du *doch* glücklich sein kannst, und zwar mit lediglich so viel Geld, wie du für die Dinge benötigst, die du dir wirklich wünschst? Könntest du nicht auch so ein erfülltes Leben haben? Ist es dazu unbedingt nötig, über riesige Geldsummen zu verfügen?

? *Ich habe mir die unangenehme Angewohnheit zugelegt, immer wieder mein Konto zu überziehen, in der Hoffnung, dass das Geld schon noch irgendwie hereinkommen wird. Kennst du auch diese innere Stimme, die ständig flüstert: »Wenn ich kein Geld ausgebe, fühle ich mich nicht wohl.« (So wie Scarlett O'Hara in Vom Winde verweht sagt: »Ich will nie wieder hungern müssen!«)*
Wie kann man eine Scarlett O'Hara im Zaum halten, die eine Mastercard in der Handtasche hat?

Antwort Hier geht es wieder um rebellische Energie. Kreditkarten sind sehr, sehr verführerisch. Ich kann nur dazu raten, mit ihnen sehr vorsichtig umzugehen. Wenn du zur Selbstsabotage, zu rebellischem Verhalten oder zu Verschwendung neigst, ist es wahrscheinlich das beste, überhaupt keine Kreditkarten zu benutzen. Selbst äußerst vernünftige und verantwortungsbewusste Menschen sind häufig überrascht, wie schnell sich die Ausgaben addieren, bis man plötzlich Probleme hat, sie abzuzahlen. Kreditkarten sind eine Verlockung für jene Wesensanteile in uns, die sich weigern, Grenzen zu akzeptieren.

? *Ich bin immer davon ausgegangen, dass ich sehr gut verdienen und ein höheres Einkommen als meine Eltern erzielen würde. Doch es ist mir bislang nicht gelungen. Hast du eine Idee, woran das liegen könnte?*

Antwort Wahrscheinlich identifizierst du dich mit einer Stimme in dir, die folgendes sagt: »Als erfolgreicher Mensch solltest du *soundso viel* Geld verdienen; du solltest mehr Geld als deine Eltern verdienen, weil deine Ansprüche zwangsläufig höher sein werden.«

Dann gibt es vermutlich einen verdrängten Teil in dir, der eher so klingt: »Es ist mir nicht wirklich wichtig, viel Geld zu verdienen. Und ich muss auch nicht unbedingt eine erfolgreiche Karriere machen. Es genügt mir, wenn ich irgendwo wohnen kann, wo ich mich wohl fühle, wenn meine Arbeit mich befriedigt, wenn ich von lieben Menschen umgeben bin und mich am Leben erfreuen kann.«

Natürlich ist es auch möglich, dass du deine Fähigkeit, Geld zu verdienen, unbewusst blockierst, weil du dich vor Macht und Erfolg fürchtest oder weil du gegen irgend etwas rebellierst.

? *Wie kann ich einen Haushaltsplan aufstellen, wenn mein Einkommen extremen Schwankungen unterliegt?*

Antwort Auch mein Einkommen schwankt sehr stark. Das war schon immer so. Ich gebe mir alle Mühe, einigermaßen genaue Prognosen für die Zukunft zu machen. Ich plane für mehrere Monate oder ein ganzes Jahr im voraus, berücksichtige dabei, wie viele Seminare ich durchführen werde, wie sich meine Buchantiemen entwickeln, und so weiter. Ich bin bei meinen Schätzungen immer sehr vorsichtig, um keine unangenehmen Überraschungen zu erleben. Mit etwas Übung lernt man, künftige Einnahmen recht genau einzuschätzen.

Dann muss man dieses Budget immer wieder überprüfen. Es ist wichtig, sich stets genau über seine Ausgaben im klaren zu sein. Der große Vorteil einer Haushaltsplanung ist, dass man Klarheit darüber gewinnt, welche finanziellen Bedürfnisse man tatsächlich hat. Wenn du das einmal weißt, gelingt es dir fast immer, auch ein entsprechendes Einkommen zu erzielen. Das habe ich bei mir selbst und vielen anderen Leuten immer wieder beobachtet.

? *Begrenzt man durch einen engen Haushaltsplan nicht die eigene Vorstellungskraft, was möglichen Reichtum angeht? Wäre es nicht sinnvoller, ein höheres Einkommen zu visualisieren?*

Antwort Nein, denn mit dem Aufstellen eines Haushaltsplanes schaffst du einen konkreten Rahmen für deine Bedürfnisse. Das ermöglicht es dem Universum, diesen Rahmen auszufüllen. Ich habe festgestellt, dass es so am besten funktioniert. Zunächst ermittelt man bewusst, wie viel Geld man tatsächlich benötigt, und *erst danach* visualisiert man das gewünschte Einkommen. Diese Vision kann man dann nach und nach erweitern.

Die meisten Leute denken, durch das Aufstellen eines Haushaltsplanes würden sie vor allem sehen, was sie sich alles *nicht* leisten können. Doch ein guter Haushaltsplan ist ausgewogen; er deckt nicht nur den täglichen Bedarf ab, sondern sollte auch Raum für die Erfüllung einiger Wünsche lassen. Vielleicht bist du momentan nicht in der Lage, dir alle deine Wünsche zu erfüllen, aber mit etwas Geduld wird dein finanzieller Wohlstand wachsen.

? *Ich fürchte, je ausgewogener ich innerlich werde, desto langweiliger und uninteressanter werde ich. Wie denkst du darüber?*

Antwort Das liegt an der Vorstellung, die du dir von Ausgewogenheit machst. Ausgewogen zu sein bedeutet nicht, dass man sich immer in der neutralen Mitte befindet. Vielmehr geht es darum, Zugang zur vollen Bandbreite der Energien zu haben. Das bedeutet, sich bewusst zwischen den Extremen hin und her bewegen zu können, wodurch man innerlich sehr frei wird und enorme Entscheidungsspielräume gewinnt.

Wenn du Bewusstheit entwickelst, kannst du stärker wählen, welches deiner Selbste wann zum Vorschein kommen soll. Sie alle spielen in deinem Leben ihre Rolle, und es gibt ausreichend Raum für sie. Wenn du die Verantwortung für alle deine Aspekte übernimmst und dich mit ihnen anfreundest, steht dir ein riesiges Spektrum von Energien zur Verfügung, und du bist in der Lage, dich frei zwischen den Extremen zu bewegen. Du kannst der wilden Frau in dir ebenso Raum geben wie deiner Aphrodite, deiner Hedonistin, deiner Asketin, deinem inneren Kind und vielen anderen.

So wirst du fähig, den ganzen Reichtum deiner Persönlichkeit zu erfahren und zum Ausdruck zu bringen, ganz wie es dir jeweils angemessen erscheint. Der entscheidende Punkt ist, dass du dann selbst wählen kannst und dich nicht mehr Energien ausgeliefert fühlst, die du scheinbar nicht kontrollieren kannst.

? *Mein Gefühl für Reichtum wird vor allem durch meine Ängste blockiert. Stimmt es, dass unsere Ängste uns so lange verfolgen, bis wir endlich das tun, wovor wir uns am meisten fürchten? Ich habe sogar schon daran gedacht, einmal einen Fallschirmabsprung zu wagen, um mich von meiner intensiven Höhenangst zu befreien.*

Antwort Du musst deine Angst akzeptieren und bewusst mit ihr arbeiten. Ich halte es nicht für eine gute Idee, die Angst gewaltsam niederzukämpfen und sich zu etwas zu zwingen, vor dem man sich sehr fürchtet. Besser finde ich es, sich die Angst genau anzuschauen, sich wirklich auf dieses Gefühl einzulassen, es liebevoll zu akzeptieren und dann darüber nachzudenken, welche kleinen Schritte du in Richtung auf eine Heilung unternehmen kannst.

Ich stelle mir vor, dass meine Ängste von dem furchtsamen kleinen Kind in mir kommen. Wie geht man am besten mit einem verängstigten Kind um? Wenn ein Kind Höhenangst hat, würdest du es dann aus einem Flugzeug schubsen?

Nein, das wäre sicher keine gute Idee. Angemessener finde ich es, sanft und liebevoll mit diesem Kind zu sprechen und ihm Gelegenheit zu geben, seine Gefühle zu artikulieren.

Vielleicht sagt eine starke, drängende Stimme in dir: »Los, Fallschirmspringen ist das, was du unbedingt tun solltest!«

Eine solche Druck ausübende Energie bewirkt garantiert, dass der entgegengesetzte Aspekt – die verletzliche Energie des Kindes – sich zu Wort meldet: »Aber ich habe Angst, ich will das nicht tun!«

Du solltest zu deinem inneren Kind sagen: »Einmal angenommen, wir wollen uns wirklich auf dieses Abenteuer einlassen, was könnten wir dann tun, damit es für dich weniger furchterregend ist?«

Dadurch bündelst du deine Energien und *hilfst* dem ängstlichen, verletzlichen Teil. Das ist viel wirkungsvoller, als Druck auf ihn auszuüben oder seine Existenz zu leugnen, indem du sagst: »Oh, es ist doch dumm von dir, Angst zu haben«, oder: »Ach was, wir tun das jetzt einfach!«

Viele von uns haben eine Menge Kraft darauf verwendet, die eigene Verletzlichkeit zu leugnen und zu unterdrücken oder sich selbst deswegen zu bestrafen. Wir müssen lernen, unsere Verletzlichkeit zu schützen. Ein Kind, dem das Gefühl vermittelt wird, dass man ihm zuhört, ihm hilft und gut für es sorgt, wird nach und nach mutiger werden und sich weniger ängstigen.

Wenn wir kleine Schritte vorwärts machen, wird unsere Angst uns nicht blockieren. Dauerhafte Fortschritte können wir nur machen, wenn wir dem ängstlichen Kind in uns nicht zu viel zumuten.

? *Glaubst du, man kann diesen Prozess allein bewältigen, oder ist es notwendig, die Hilfe eines Lehrers oder Therapeuten in Anspruch zu nehmen?*

Antwort Es kann sehr wichtig sein, einen guten Lehrer oder Therapeuten zu haben. Meist behandeln wir uns selbst so, wie wir von unseren Eltern oder anderen frühen Bezugspersonen behandelt wurden. Therapie ist zu einem großen Teil eigentlich ein Abtrainieren falscher Erziehungsmuster. Du verbringst Zeit mit jemandem, der dir seine volle Aufmerksamkeit widmet und dir zeigt, wie du bestimmte Dinge anders machen kannst. Nach einer Weile kommst du dann auch ohne diese Hilfe von außen zurecht.

? *Wenn ich höre, dass ich meine »Polaritäten ausbalancieren« soll, klingt das für mich so, als müsste ich mich zu etwas zwingen, das ich eigentlich gar nicht tun will. So ist es aber doch wohl nicht gemeint?*

Antwort Nein, natürlich nicht. Du musst dich zu überhaupt nichts *zwingen*. Gelegentlich ist es vielleicht erforderlich, dass du dir einen kleinen Schubs in eine Richtung gibst, die dir etwas schwierig oder fremd erscheint, aber das sollte nicht in Zwang ausarten. Wenn du dich zu etwas gezwungen fühlst, solltest du es besser nicht tun.

Persönliches Wachstum sollte sich eher wie ein erregendes Abenteuer anfühlen, eine spannende Entdeckungsreise in Bereiche, die dir noch unvertraut sind. Du dehnst dein Bewusstsein aus, aber du erzwingst nichts, *überdehnst* dich nicht. Das Leben hat so eine Art, uns ganz von selbst auf den richtigen Weg zu führen.

? *Fühlst du dich heute sicherer als in der Zeit, bevor du eine erfolgreiche Autorin und Lehrerin wurdest?*

Antwort Das Thema Sicherheit hat für mich nie eine große Rolle gespielt, wahrscheinlich weil ich von einer starken, abenteuerlustigen Mutter erzogen wurde.

Aber ich besitze natürlich heute mehr Selbstvertrauen, weil ich mir bewiesen habe, dass ich in der Welt erfolgreich sein kann. Ich leiste mit meiner Arbeit einen positiven Beitrag, der von vielen Menschen anerkannt wird, und ich kann gut davon leben.

Im emotionalen Bereich meiner Beziehungen habe ich weit größere Unsicherheit erlebt. Dort hatte ich viel mehr Probleme. Doch heute fühle ich mich auch dabei viel sicherer.

? *Ist dir der Gedanke vertraut – vielleicht wird er in dir von einem verdrängten Selbst vertreten –, dass persönliches Bewusstseinswachstum letztlich eine unsinnige Idee ist, weil wir über unser Bewusstsein keine wirkliche Kontrolle haben?*

Antwort Ich will es so ausdrücken:

Ich verfüge über eine sehr gesunde skeptische Stimme, die ich in keiner Weise verdränge. Ich denke, sie gehört sogar zu meinen Hauptselbsten. Als ich anfing, mich mit persönlichem Wachstum zu beschäftigen, probierte ich alle Methoden praktisch aus, um zu sehen, ob sie funktionieren. Aufgrund meiner jahrelangen Arbeit auf diesem Gebiet bin ich mir heute sicher, dass wir unser Leben enorm zum Besseren verändern können, wenn wir uns bewusst der Entfaltung unseres Bewusstseins widmen. Und natürlich habe ich erfahren, wie sehr mein eigenes Leben sich durch die Anwendung dieser Prinzipien verändert hat. Trotzdem probiere ich nach wie vor alle neuen Ideen aus und beweise meinem skeptischen Selbst ihre Wirksamkeit.

? *Wie denkst du über die Kommerzialisierung der Spiritualität?*

Antwort Diese Frage geht wohl auf die traditionelle transzendente Sichtweise zurück, wonach Geld und Spiritualität zueinander im Widerspruch stehen. Geld wird als etwas Unspirituelles betrachtet, mit dem die wahre Spiritualität auf keinen Fall kontaminiert werden sollte.

Wenn du dir klarmachst, dass Geld einfach ein Symbol für die Lebensenergie ist, spricht überhaupt nichts dagegen, jemanden angemessen dafür zu bezahlen, dass er dir nützliche Informationen und Hilfen anbietet.

Wenn Lehrer den Leuten etwas vormachen, um ihnen das Geld aus der Tasche zu ziehen, haben wir es einfach mit einem Integritätsproblem zu tun. Wenn du deinen Kunden irreführende Informationen gibst, verstößt du damit gegen das Prinzip persönlicher Integrität – ganz gleich, ob du mit Gebrauchtwagen handelst oder zehn Schritte zur Erleuchtung anbietest.

? *Warum soll ich selbst reich sein, während andere so wenig haben? Wieso »verdiene« ich den Reichtum mehr als sie?*

Antwort Zunächst einmal solltest du davon ausgehen, dass genug für alle da ist. Offenbar glaubst du, wenn du dir ein größeres Stück vom Kuchen abschneidest, müssten die Stücke der anderen zwangsläufig kleiner werden. Aber Geld ist lediglich eine Reflexion der Lebensenergie, und an Lebensenergie herrscht kein Mangel. Wir alle können lernen, uns zu öffnen, so dass in uns und unserer Umwelt mehr Energie fließen kann.

Andererseits sind die materiellen Ressourcen dieser Welt begrenzt. Wir müssen also sorgfältig darauf achten, wie wir mit diesen Ressourcen umgehen. Dadurch, dass ein sehr kleiner Teil der Weltbevölkerung viel zu viele Ressourcen verbraucht, haben wir ein bedenkliches Ungleichgewicht erzeugt.

In Form von Geld kann so viel Energie durch unser Leben fließen, wie es dem Universum gefällt. Aber ich bin überzeugt, dass wir im Einklang mit der Erde leben sollten und ihre endlichen Ressourcen nicht aufbrauchen dürfen.

Wenn du über mehr Geld verfügst, als dir deiner Ansicht nach »zusteht«, kannst du es dafür verwenden, einen positiven Beitrag zum Leben zu leisten. Nutze diese Energie, diese Ressourcen dazu, Dinge zu tun, die für dich echte Herzensanliegen sind. Damit wirst du zum Vorbild für andere und demonstrierst ihnen, dass es okay ist, so viel Energie und Kraft freizusetzen. In den Büchern *Gesund denken*, *Kreativ visualisieren* und *Leben im Licht* habe ich ausführlich darüber geschrieben. Wenn du deinem Herzen, deiner Seele, deinen tiefsten Sehnsüchten folgst, wird das Geld auf eine Weise in dein Leben strömen, dass daraus weder für dich noch für andere ein Schaden entsteht.

? *In neuen Büchern zum Thema Reichtum ist oft davon die Rede, dass man seiner Freude folgen und sich eine Arbeit suchen soll, die Spaß macht und aufregend ist. Aber es gibt doch keine Arbeit, die ständig Spaß machen und aufregend sein kann, nicht wahr?*

Antwort Natürlich ist es möglich, dauerhaft Freude an seiner Arbeit zu haben, auch wenn sie selbstverständlich nicht in jeder einzelnen Minute Spaß machen kann. Alles, was man tut, bringt auch schwere Augenblicke, Herausforderungen, Probleme und Frustrationen mit sich. Doch wenn man eine Arbeit tut, die man wirklich liebt und bei der die eigenen Talente sich entfalten, kann das sehr erfüllend und befriedigend sein.

Dass man »seiner Freude folgen« soll, ist eine schöne Formulierung, aber es klingt ein bisschen so, als müsste man sich die ganze Zeit freuen. Und das ist gewiss nicht möglich. Ich kenne niemanden, der sich ständig freut. Auch wenn man seine Arbeit noch so sehr liebt, kann man dabei nicht ununterbrochen Freude empfinden.

Aber wenn wir Dinge tun, die wir wirklich aufregend finden, die uns mit Energie erfüllen, dann werden wir dabei gewiss sehr oft Augenblicke großer Begeisterung und Freude erleben!

? *Ich bin mit der Vorstellung aufgewachsen, dass etwas, das Spaß macht, keine wirkliche Arbeit ist, und dass wir nach der Schwere unserer Arbeit bezahlt werden sollten.*

Antwort Keine Arbeit, die man über längere Zeit ausübt, macht *immer* Spaß. Aber es ist möglich, gut dafür bezahlt zu werden, dass man Dinge tut, die man von Herzen liebt. So ist es bei mir. Meine Arbeit macht mir großen Spaß, selbst wenn es dabei natürlich manchmal auch Probleme und Schwierigkeiten zu bewältigen gibt. Aber meistens kommt das, was ich tue, direkt aus meinem Herzen und meiner Seele und macht mir viel Freude.

? *Der Buddhismus sagt, dass Wünsche die Wurzel allen Leidens seien und dass wir Befreiung nur in der völligen Loslösung von allen Bindungen finden können. Du dagegen empfiehlst, dass wir unseren Wünschen vertrauen und uns von ihnen leiten lassen sollen. Warum?*

Antwort Ich kenne viele unterschiedliche Übersetzungen und Deutungen dieser Lehre. Ich bin nicht sicher, was Buddha dabei im Sinn hatte, vermute aber, dass er sich auf jene falschen Begierden bezog, die uns zu schaffen machen, wenn wir die Verbindung zu unserem Herzen verlieren.

Leider führt der Versuch, diese Lehre anzuwenden, bei vielen Leuten dazu, dass sie ihre menschlichen Bedürfnisse und Empfindungen leugnen und unterdrücken und deshalb von heftigen inneren Konflikten geplagt werden – und das nur, weil sie krampfhaft versuchen, sich von ihrer menschlichen Lebenserfahrung zu befreien. Ist es da nicht sinnvoller, wenn wir uns klarmachen, dass wir spirituelle Wesen sind, die diese menschliche Existenz *bewusst gewählt* haben? Mein Weg besteht darin, dass ich meine Menschlichkeit akzeptiere, sie erforsche, aus ihr lerne und mich so gut wie möglich an ihr erfreue.

10. KAPITEL

Geschichten vom Reichtum

Hier sind einige wahre Geschichten, in denen verschiedene Aspekte des Reichtums angesprochen werden. Lassen Sie sich von diesen Berichten inspirieren und zum Nachdenken anregen.

Dies ist die Geschichte meiner Freundin Manuela Terra-Luna, einer klugen und schönen Frau, die ein einfaches und zugleich außerordentlich reiches Leben führt.

Manuela hat immer das Leben einer Zigeunerin geführt. Sie hat sich nie mit hohen finanziellen Verpflichtungen belastet, so dass sie jederzeit ihrem Herzen folgen und ihr Leben völlig ändern kann, wenn ihr danach ist. In all den Jahren, die wir uns inzwischen kennen, habe ich nie erlebt, dass es ihr an Geld fehlte. Sie verfügt immer über exakt so viel Geld, wie sie für ihren nächsten Schritt im Leben benötigt – nicht mehr und nicht weniger.

Für mich ist sie ein Beispiel dafür, wie ein Mensch Freiheit und Reichtum erlangen kann, indem er sich seiner inneren Arbeit widmet und seine Bedürfnisse einfach hält, um jederzeit der eigenen intuitiven Führung folgen zu können.

Einfacher Reichtum

Manuela wurde während des Zweiten Weltkriegs in Italien geboren, während ringsumher Bomben explodierten. Ihre Mutter starb, als Manuela drei Jahre alt war, und sie wuchs in einem von Nonnen geführten Waisenhaus auf. Die Erziehung dort war unglaublich streng, es gab keinerlei Wärme und Zuneigung. Sobald Manuela alt genug war, ging sie von dort weg und suchte sich eine Arbeit. Zum erstenmal lernte sie die Freiheit kennen.

Mit Anfang Zwanzig kam sie in die Vereinigten Staaten, verliebte sich in einen Amerikaner, heiratete und bekam eine Tochter. In den folgenden zwanzig Jahren arbeitete sie in verschiedenen Berufen und entwickelte ihre zahlreichen kreativen Talente. Unter anderem komponierte und sang sie italienische Lieder, entwarf und verkaufte wunderschöne Collagen und studierte Filmemachen. Sie arbeitete als Casting-Direktorin und als Assistentin für Francis Ford Coppola. Auch widmete sie sich intensiv ihrer persönlichen Heilung und Entwicklung, wobei sie mit vielen verschiedenen Lehrern arbeitete.

Nach ihrer Scheidung zog sie bei mir ein und arbeitete als meine persönliche Assistentin. Ich fand sie außergewöhnlich bewusst, intuitiv und liebenswert, und bald wurde sie zu einer meiner besten Freundinnen.

Nachdem sie einige Jahre für mich gearbeitet und sich auf die Heilung ihrer durch die Scheidung entstandenen emotionalen Verletzungen konzentriert hatte, verspürte sie plötzlich einen starken Drang, nach Italien zurückzukehren. Das überraschte sie, denn eigentlich hatte sie nie mehr dort leben wollen. Doch der Drang zur Rückkehr erwies sich als so stark, dass sie sich mit wenig Geld und noch weniger Ideen, was sie dort eigentlich sollte, auf die Reise machte.

Trotz ihrer Teilnahme an vielen Seminaren zum Thema persönliches Wachstum hatte es sie bislang nie gereizt, selbst solche Seminare zu leiten. Jetzt verspürte sie den Wunsch, Seminare in Italien anzubieten. Sie war darin sehr erfolgreich und reiste kreuz und quer durch Italien, um den Leuten die Ideen und Techniken nahe zu bringen, die sie selbst gelernt hatte. Über mehrere Jahre hinweg bildete sie zahlreiche Schüler aus, die ebenfalls Seminare veranstalteten und ihr Wissen weitergaben.

Nach fünf Jahren spürte sie intuitiv, dass sich, trotz ihres Erfolges und der großen Nachfrage nach ihrer Arbeit, eine neue Phase in ihrem Leben ankündigte. Es war Zeit, wieder in die USA zurückzukehren. Auch diesmal hatte sie keine Ahnung, wo sie leben und was sie dort tun sollte.

In Italien heiratete sie Luigi, einen wunderbaren Mann, der sechsundzwanzig Jahre jünger ist als sie. Auch dabei folgte sie ihrem Herzen, trotz des außergewöhnlichen Altersunterschiedes zwischen ihnen. Zusammen kamen sie auf die Insel Kaua'i, wo ich ein Haus besitze. Bald wurde Manuela klar, dass sie nicht länger Lehrerin sein wollte. Statt dessen fühlte sie sich dazu hingezogen, zu gärtnern und mit der Erde zu arbeiten.

Sie und Luigi arbeiten jetzt gemeinsam als Verwalter auf einem wunderschönen Anwesen. Auf diesem Grundstück bewohnen sie ein kleines Haus an der Steilküste, oberhalb eines herrlichen Strandes. Gegenwärtig sind sie beide begeistert damit beschäftigt, sich um die Pflege des Parks und der Gartenanlagen zu kümmern. Sie sind echte Seelengefährten und lieben einander sehr. Zwar ist ihr Einkommen bescheiden, doch sie haben auch keine großen finanziellen Ansprüche. Sie leben in einem Paradies, folgen ihrem Herzen und führen ein einfaches, erfülltes Leben.

Ich bin sehr gespannt, was Manuela als nächstes tun wird!

Mein Freund Frank ist ein großartiges Beispiel dafür, welcher Reichtum sich einstellen kann, wenn wir das Wagnis eingehen, zu neuen Ufern aufzubrechen, und uns dabei von unseren Träumen leiten lassen.

Mut zur Veränderung
von Frank Kramer

Einst hatte ich eine ausgezeichnete Stellung bei einer großen, angesehenen öffentlichen Institution. Meine Arbeit verhalf mir zu großem Prestige, wurde sehr gut bezahlt und versprach lebenslange finanzielle Sicherheit. Dennoch war ich unglücklich und machte mir Gedanken über die Qualität meines Lebens. Mir wurde bewusst, dass ich kein wirkliches Leben hatte, sondern nur eine Karriere.

Ich fühlte mich immer ausgebrannter und wurde zeitweilig von schweren Depressionen heimgesucht. Schließlich begann ich, mich nach anderen Aufgaben umzusehen. Als hochqualifizierte Führungskraft war ich bestens darin ausgebildet, zu planen, strategisch zu denken und Ziele festzulegen. Doch alle meine Bemühungen, eine andere Tätigkeit zu finden, blieben ergebnislos. Ich wusste einfach nicht, welchen Weg ich einschlagen sollte. Also gab ich auf und tat etwas, wozu ich niemand anderem geraten hätte: Ich kündigte, ohne eine andere Anstellung gefunden zu haben.

Angesichts der Tatsache, dass eine Scheidung hinter mir lag und ich erhebliche Unterhaltszahlungen zu leisten hatte, war mein Entschluss gewiss nicht sehr klug und durchdacht. Im Grunde handelte ich aus purer Verzweiflung. Ich besaß eine vage Vorstellung davon, was ich gerne tun wollte, die mir aber nur ein unerreichbarer Traum zu sein schien.

Doch die folgenden Jahre waren interessanter und inspirierender, als ich je für möglich gehalten hätte. Dass ich von Monat zu Monat lebte, in ständiger finanzieller Unsicherheit, machte mir kaum etwas aus. Ich fing an, Gedichte zu schreiben, verbrachte viel Zeit draußen in der Natur und las Bücher über Themen, mit denen ich mich nie zuvor befasst hatte – zum Beispiel *Gesund denken. Kreativ visualisieren.*

Ich bin nach wie vor erstaunt, welche Wendung mein Leben genommen hat. Ich hätte mir keine brillantere Strategie für mich ausdenken können als das, was »zufällig« in meinem Leben geschah.

Firmengründungen und alles, was damit zusammenhängt – Geldgeber gewinnen, eine Marktstrategie entwickeln –, hatten mich immer schon fasziniert. Als ich anfing, meine Kenntnisse in diesem Bereich zu vertiefen, öffneten sich plötzlich ganz unerwartete Türen für mich. Mein Steuerberater erzählte mir, dass er sich selbstständig machen und mit mehreren Partnern eine eigene Firma gründen wolle. Er bat mich, ihnen bei der Suche nach Investoren zu helfen. Ich war einverstanden, lernte dabei eine Menge, machte natürlich auch einige Fehler, bereute es aber keine Minute, diese neue Aufgabe übernommen zu haben. Nach ein paar Lehrjahren auf diesem Gebiet begannen einige der Unternehmen, bei deren Gründung ich beteiligt gewesen war, ordentlich Geld abzuwerfen. Heute kann ich mir den Luxus leisten, nur zu arbeiten, wenn ich Lust dazu habe, und ansonsten genieße ich mein Leben.

Ich lege Wert darauf, mir bei meinen diversen Aktivitäten eine spielerische Leichtigkeit zu bewahren. Ich bin in Louisiana aufgewachsen und hatte immer schon eine Schwäche für Cajun-Witze. Eines Tages stellte ich mir ein kleines Programm zusammen und machte bei einem Witze-Erzähl-Wettbewerb mit. Später trat ich mit dieser Nummer in mehreren Klubs auf, und heute stehe ich mit meinem Cajun-Programm immer mal wieder auf Kabarettbühnen hier in der Stadt. Auch schreibe ich Kindergedichte, die in verschiedenen Zeitschriften und in einem eigenen Buch veröffentlicht worden sind. Hier ist ein Beispiel:

Ruhestand

Man sagt mir: schon bald
wäre ich furchtbar alt,
und es bliebe mir
nur noch die Wohlfahrt.
Doch ihr werdet schon seh'n,
noch mit hundertundzehn
bin ich frisch wie ein Fisch
und tanz' auf dem Tisch.
Was ich zum Leben so brauch',
daran wird wohl auch
dann noch niemals gespart:
gute Geschichten am Feuer,
Gelächter und Abenteuer,
etwas Trinken und Essen
und, nicht zu vergessen,
eine Uhr, die nur rückwärts läuft!

Wenn man schon einmal deprimiert und pleite war und sich als Versager fühlte, hat das den Vorteil, dass man die Angst davor verliert; die Angst vor dem Versagen ist schlimmer als das Versagen selbst. Nachdem ich zu einem Lebensstil gefunden habe, von dem ich früher nicht einmal zu träumen gewagt hätte, bin ich zu der Erkenntnis gelangt, dass es keine Vorherbestimmung gibt, sondern nur die unendliche Reise des Lebens – voller Umwege, Rückschläge und überraschender Wendungen. Diese Reise ist so faszinierend, dass es sich unbedingt lohnt, dafür Risiken einzugehen.

Hier ist eine wahre Geschichte aus meinem eigenen Leben, die zeigt, auf welch geheimnisvolle Weise das Universum oft für unser Wohlergehen sorgt und uns zu Reichtum verhilft.

Wie der Hurrikan Iniki mir half

Vor einigen Jahren erwarb ich auf Kaua'i ein schönes Stück Land mit einem großen Haus. Kai Mana schien für mich wie ein Geschenk zu sein. Der Preis war sehr günstig, und es wurde nur eine geringe Anzahlung verlangt. Als ich es kaufte, stellte ich mir vor, dort in größerem Rahmen Retreats und Seminare zu veranstalten, doch es zeigte sich, dass die Verkehrsanbindung dafür zu ungünstig war. Also wurde eine Pension daraus, wo die Leute Urlaub machen oder persönliche Retreats durchführen können.

Ich habe nicht das Gefühl, »Besitzerin« dieses Landes zu sein. Dass ein menschliches Wesen, dessen Lebensspanne nur ein paar Jahrzehnte beträgt, ein seit Millionen von Jahren existierendes Stück Erde als sein Eigentum betrachtet, finde ich nicht nur arrogant, sondern auch völlig lächerlich. Ich habe das Empfinden, dass dieses Land mir anvertraut wurde, damit ich es für eine Weile in meine Obhut nehme. Es ist ein sehr energiereicher, heilkräftiger Ort, und ich möchte seine Schönheit auch anderen Menschen auf angemessene Weise zugänglich machen.

Kai Mana ist mit einer hohen Hypothek belastet, deren Tilgung zeitweise eine schwere Belastung für mich war. Doch ich hatte immer das Gefühl, dass es einfach Teil meiner Bestimmung ist, mich um dieses Land zu kümmern, und irgendwie habe ich es immer geschafft, finanziell über die Runden zu kommen.

Als ich das Haus kaufte, befanden sich die Küche und die Badezimmer in schlechtem Zustand, und das wurde natürlich im Lauf der Zeit nicht besser. Vor ein paar Jahren entschloss ich mich dann, eine Sanierung und Umbauten vornehmen zu lassen. Ich nahm eine neue Hypothek auf das Anwesen auf und lieh mir 60000 Dollar – genug für einen zwar nicht optimalen, aber doch den Erfordernissen angemessenen Umbau. Ich wusste, dass die Planung des Umbaus durch einen Architekten und andere nötige Vorbereitungen ein paar Monate in Anspruch nehmen würden, also bat ich einen Freund, einen soliden, vertrauenswürdigen Geschäftsmann, das Geld so lange für mich anzulegen. Die Anlage versprach eine ordentliche Rendite, und ich hatte schon früher bei ihm investiert, jedes Mal mit gutem Erfolg.

Als der Zeitpunkt kam, mich auszuzahlen, gestand mein Freund mir ein, dass er bankrott war und alles verloren hatte. Nun saß ich plötzlich auf 60000 Dollar Bankschulden und hatte kein Geld mehr für den geplanten Umbau.

Ich war völlig geschockt und hatte keine Ahnung, wie es weitergehen sollte. Ich betete um eine Einsicht, warum das geschehen war und was ich daraus lernen sollte. Auch bat ich um einen Hinweis, was nun aus dem Umbau werden sollte. Sinngemäß sagte ich folgendes zum Universum: »Okay, du hast mir dieses

Haus mit dem wunderschönen Grundstück gegeben, jetzt musst du mir auch zeigen, wie ich es instand halten soll!« Zunächst einmal gab ich die Umbaupläne auf und schaute zu, wie meine Küchenschränke im feuchten Klima Kaua'is weiter verrotteten.

Drei Monate später fegte der Hurrikan Iniki über Kaua'i hinweg. Niemand kam zu Tode, auf der ganzen Insel gab es aber schwere Zerstörungen zu beklagen. Wie immer bei derartigen Ereignissen waren die Leute gezwungen, Bestandsaufnahme zu machen und die Prioritäten ihres Lebens zu überdenken. Zwar hatten viele Inselbewohner bittere materielle Verluste erlitten, doch letztlich entstand auch Raum für Heilung und positive Transformation.

Der Orkan hatte das Dach unseres Hauses abgehoben und über die Klippen geworfen. Menschen und Tiere waren unverletzt, die sonstigen Schäden aber enorm. Wie alle Bewohner Kaua'is hatten wir monatelang keinen Strom und kein Telefon.

Zu guter Letzt erhielten wir aber eine stattliche Summe von unserer Versicherung. Die notwendigen Reparaturen am Haus ermöglichten uns, es viel schöner als zuvor wiederauferstehen zu lassen. Hätte ich das Geld nicht verloren und meine ursprünglichen Pläne umgesetzt, wäre der Umbau von viel schlechterer Qualität gewesen und zudem durch den Hurrikan größtenteils wieder zerstört worden. Zeit, Energie und Geld, die ich in ihn investiert hätte, wären also verschwendet gewesen.

Natürlich glaube ich nicht, dass der Hurrikan über Kaua'i hereinbrach, nur damit ich meine Küche umbauen konnte! Doch für mich ist dieses Erlebnis ein bemerkenswertes Beispiel dafür, wie sich Ereignisse oft synchronistisch fügen. Auch sieht man daran, wie scheinbare Katastrophen – meine finanziellen Verluste und der verheerende Sturm – sich als starke Katalysatoren für Transformation erweisen und letztlich zu größerem Reichtum auf vielen Ebenen führen können. Das ist eines der vielen, vielen Vorkommnisse in meinem Leben, bei denen eine höhere Macht am Werk zu sein schien. Das Ergebnis ist, dass ich heute in einem viel schöneren Haus lebe, das von Menschen aus der ganzen Welt als ein Ort der Heilung aufgesucht wird.

Die Verfasserin der folgenden wahren Geschichte möchte anonym bleiben. Sicher können Sie sich denken, dass »Suzannes« Leben seit ihrem Lotteriegewinn einiges an Privatheit verloren hat. Viele neue Freunde scharten sich um sie, und Verwandte tauchten plötzlich auf, von denen sie zuvor nie etwas gesehen oder gehört hatte.

Der Lotteriegewinn

Meine Schulfreundin und ich wuchsen unter sehr ähnlichen Umständen auf. Unsere Mütter arbeiteten zehn Jahre lang zusammen als Kellnerinnen. Wir betrachteten uns als der »Mittelklasse« zugehörig. Unsere Eltern besaßen Häuser in der Vorstadt, aber um sich das leisten zu können, mussten auch die Mütter voll erwerbstätig sein und die Väter viele Überstunden machen. Wir gehörten zur ersten Mädchengeneration, die das College besuchte. Zur Finanzierung unseres Studiums mussten wir nebenher arbeiten gehen. Ich werde meine Freundin Suzanne nennen.

Kurz nach der High School heiratete Suzanne und bekam ein Kind. Sie hatte seit ihrer Teenagerzeit gekellnert und tat das auch weiterhin. Als ihr Kind neun Jahre alt war, geschah das völlig Unwahrscheinliche – Suzanne gewann fast dreißig Millionen Dollar in einer staatlichen Lotterie. Nach den Berechnungen ihrer Schwester, die eine Schwäche für Statistiken hat, ist die Wahrscheinlichkeit für dieses Ereignis so gering wie die Möglichkeit, dass dieselbe Person zweimal vom Blitz getroffen wird!

Ihr Mann profitierte offenbar enorm von dem plötzlichen Reichtum. Sofort besserten sich seine Gesundheit und seine innere Einstellung. Ihm schien die Veränderung ihres Lebens echte Freude zu machen, und er fühlte sich schon bald wahrhaft reich.

Suzanne dagegen fiel der Übergang schwerer. Seit der Kindheit basierte ein großer Teil ihrer Selbstachtung, ja sogar ihrer Identität auf ihrer Fähigkeit, mit sehr geringen finanziellen Mitteln möglichst viel zu bewältigen – zum Beispiel Geld für den späteren Collegebesuch ihres Kindes zurückzulegen oder trotz ihres begrenzten Einkommens ein Haus kaufen zu können, indem sie eisern sparte und auf jeden Luxus verzichtete. Wie sollte sie mit ihrer neuen Rolle umgehen? Wer war sie nun? Was zählten die Rücklagen noch, die sie jahrelang so mühsam angespart hatte?

Bei ihren Hauptselbsten handelte es sich – meiner Ansicht nach – um eine Kombination aus harter Arbeiterin, Streberin und Überlebenskünstlerin. Diese »Selbste« hatten keine Ahnung, wie sie mit dem Wohlstand umgehen sollten, der ihnen so plötzlich in den Schoß gefallen war. Suzanne plagte sich mit Schuldgefühlen, glaubte dieses Glück nicht zu verdienen, und fühlte sich von der Verantwortung für die riesigen Geldsummen überfordert, mit denen sie nun umzugehen hatte. Heute, drei Jahre später, ist sie dabei, diese neuen Gefühle aufzuarbeiten und die dadurch entstandenen Fragen zu klären. Sie klagt nicht über ihre Situation, aber ihre gegenwärtige Definition von Reichtum hat weniger mit Geld zu tun als mit ihrer Beziehung zu sich selbst, ihrer Familie und ihrer Umwelt.

Wir alle würden vermutlich gerne mit ihr tauschen. Aber an Suzannes Beispiel zeigt sich doch die Wahrheit des alten Sprichworts: »Man ist immer nur so reich, wie man sich fühlt«.

Manchmal ist weniger mehr
von Katherine Dieter

Tom kam in einer Kleinstadt im nördlichen Minnesota zur Welt. Er wuchs in den fünfziger Jahren in einer skandinavisch-stämmigen Arbeiterfamilie auf. Als er die High School absolviert hatte und aufs College gehen wollte, lieh ihm sein Vater etwas Geld, mit dem Tom einen Teil der Studiengebühren finanzieren konnte. Dafür ist Tom ihm bis heute dankbar. Doch dieses Geld kam, wie Tom es ausdrückt, mit einer ganzen Zentnerlast von Bedingungen – was heißen soll, dass sein Vater ihm bezüglich der möglichen Studienfächer keine große Auswahl ließ. Nach dem Collegeabschluss zahlte er seinem Vater unverzüglich das geliehene Geld zurück und nahm sich fest vor, seinen Kindern, falls er je welche haben sollte, später mehr Freiheit bei der Wahl ihrer Ausbildung zu lassen. Nun, dazu bekam er reichlich Gelegenheit, denn er hat heute vier Kinder.

In sehr kurzer Zeit, ungefähr zehn Jahren, baute Tom eine äußerst erfolgreiche Steuerberatungsfirma auf; er konnte sich sogar einen Kindheitstraum erfüllen und sich einen eigenen Privatjet leisten. Doch obwohl einige der erfolgreichsten Musiker der sechziger und siebziger Jahre zu seinen Klienten zählten, fühlte Tom sich zunehmend unzufrieden. In materieller Hinsicht hatte er enorme Reichtümer erworben – ein luxuriöses Landhaus, mehrere Autos, den Privatjet –, doch sein Privatleben litt unter dem beruflichen Erfolg.

Ihm blieben nicht genug Zeit und Energie, um sich seiner Familie so zu widmen, wie er es sich gewünscht hätte. Seine Kinder wuchsen rasch heran, und er hatte das Gefühl, dass er die Beziehung zu ihnen dem »Geldmachen« opferte. Die Distanz zu ihnen ähnelte beunruhigend jener, die er selbst früher zu seinem Vater empfunden hatte. Der einzige Unterschied bestand darin, dass Tom eine Wahl hatte. Sein Vater hatte die meiste Zeit fern von zu Hause verbringen müssen, weil er nur so die Familie ernähren konnte.

Daraufhin nahm Tom in seinem Leben einige drastische Veränderungen vor. Als erstes verkaufte er den

Jet. Wäre das Flugzeug unentbehrlich gewesen, hätte er es behalten. Aber er kam zu dem Schluss, dass es ihm längst nicht mehr so viel bedeutete wie früher, und das galt auch für all seinen anderen Besitz. Tom setzte neue Prioritäten. Er reduzierte seine geschäftlichen Aktivitäten, um mehr Zeit für seine Frau und seine Kinder zu haben. Beruflich konzentrierte er sich auf jene Bereiche, die ihm besondere Freude machten. Er trennte sich von Klienten, mit denen er nicht gerne arbeitete, und verkaufte das Landhaus. Endlich konnte er zu seinen Kindern die Beziehung aufbauen, die er sich immer von Herzen gewünscht hatte.

Es überrascht nicht, dass seine Firma auch weiterhin florierte. Tom hatte die Aufgaben klug delegiert, und in den folgenden zehn Jahren blieb er auf Erfolgskurs. Als für Toms Sohn die Zeit kam, aufs College zu gehen, hatte er die volle Unterstützung seines Vaters, der ihn gut kannte. Tom ließ seinem Sohn bei der Wahl der Studienfächer freie Hand – die finanzielle Unterstützung, die er ihm gewährte, war nicht an eine Zentnerlast von Bedingungen geknüpft. Dazu in der Lage zu sein bedeutete Tom mehr als das Geld selbst.

Ein Traum, der mein Leben veränderte
von Marc Allen

Ich wuchs in den turbulenten, wunderbaren Sechzigern auf. Die Jahre zwischen zwanzig und dreißig vergingen, ohne dass ich mir jemals große Gedanken wegen meines Lebensunterhaltes machte, ja, ich schenkte der gesamten »materiellen Ebene der Existenz« praktisch keinerlei Aufmerksamkeit. Damals lernte ich zwei wichtige Dinge:

1. Das Universum sorgt, wie durch Zauberei, immer irgendwie für uns, solange wir das tun, was wir wirklich lieben; aber:

2. Wenn wir nicht lernen, für uns selbst zu sorgen, enden wir früher oder später in einer Situation, in der wir auf die finanzielle Unterstützung anderer Leute angewiesen sind.

Wir leben in einem kapitalistischen System und benötigen ein gewisses Einkommen, um in der Welt funktionieren zu können. Auf Dauer kommt man nicht darum herum, diesen Umstand anzuerkennen. Wir alle müssen uns damit irgendwie arrangieren.

Als ich dreißig Jahre alt war, gründeten Shakti und ich einen kleinen Verlag, um unsere eigenen Bücher und Kassetten zu vertreiben. In den ersten Jahren gaben wir mehr Geld aus, als wir einnahmen.

Eine Hauptursache für unsere Probleme war meine negative Einstellung gegenüber dem Geld im Allgemeinen und geschäftlichem Erfolg im besonderen. Ich befürchtete, wenn ich Erfolg hätte, würde ich meine Seele verlieren, abstumpfen, gierig werden und völlig dem Materialismus verfallen. Ich hatte Angst, vom richtigen Pfad abzukommen und meine Lebensbestimmung aus den Augen zu verlieren. Doch eines Nachts hatte ich einen Traum:

Ich kletterte einen steilen, felsigen Berghang hinauf. Dann entdeckte ich eine Straße, auf der sich der Aufstieg langsamer, dafür aber wesentlich leichter bewältigen ließ. Ich sah eine Höhle, die tief in den Berg hineinführte. Ihr Eingang war durch ein kunstvolles schmiedeeisernes Tor versperrt. Auf der Suche nach dem Öffnungsmechanismus zerrte ich an den Gitterstäben. Einer von ihnen gab nach, und plötzlich hielt ich ein Schwert mit geschmiedetem Griff in der Hand. Daraufhin öffnete sich das Tor. Ich ging in die dunkle Höhle. Es war unheimlich, aber ich hatte ja das Schwert, um mich zu schützen.

Nach einer Reise durch einen finsteren Tunnel gelangte ich in ein mächtiges, an eine Kathedrale erinnerndes Gewölbe. Dort blieb ich vor einer riesigen Festtafel stehen, auf der sich eine Fülle von Dingen türmte: haufenweise Gold und Bargeld, Juwelen, Musikinstrumente, Blumen, kleine Häuser und Autos, Bücher, Kassetten, Kandelaber, die unterschiedlichsten Speisen – alles in unglaublicher Menge. Aus dem Nichts sagte eine Stimme zu mir: *Das ist die materielle Ebene. Du solltest keines dieser Dinge gering schätzen. Sie sind alle für dich da. Du sollst dich an ihnen erfreuen und lernen, sie zu meistern. Viel Spaß damit!*

Als ich aufwachte, erfüllte mich tiefe Freude und Zufriedenheit. Dieser Traum war mehr wert als Jahre der Therapie. Es gibt nichts, was wir gering schätzen sollten. Das Leben ist voller Schönheit und Wunder. Wenn wir viel Geld verdienen, macht uns das noch lange nicht zu Monstern. Finanzieller Reichtum gibt uns die Möglichkeit, Gutes zu tun, Dinge zum Besseren zu verändern und unsere Träume zu verwirklichen.

Nach diesem Traum ging es mit meinen Geschäften aufwärts. Ich sabotierte nicht länger bewusst oder unterbewusst meine Erfolge.

Der Kreis schließt sich
von Becky Benenate

Mein Vater starb, als ich noch sehr klein war. Meine Mutter, die ohne Schulabschluss war, sah sich außerstande, vier Kinder allein großzuziehen. Sie wusste, dass sie zurück auf die Schule gehen musste, wenn sie überhaupt irgendwelche Zukunftschancen haben wollte, und fasste den schweren Entschluss, drei von uns Kindern in Pflegeheimen unterzubringen. Ich war eines dieser drei. Die Zeit von meinem elften bis zum siebzehnten Lebensjahr verbrachte ich in fünf verschiedenen Heimen – nicht gerade ideale Voraussetzungen, um Selbstvertrauen zu entwickeln. Ich fühlte mich emotional allein gelassen und besaß keinerlei religiösen oder spirituellen Rückhalt. In meinen Tagträumen sehnte ich mich in jene glückliche Zeit zurück, als unsere Familie noch vereint gewesen war – Mutter, Vater, meine beiden Schwestern und mein Bruder.

Ich war ganz besessen von der Idee, eines Tages zu heiraten, selbst eine Familie zu gründen und meinen Kindern all das zu geben, was ich so früh im Leben verloren hatte – Sicherheit, Liebe, Vertrauen, Zuwendung. Ich wusste, *meine* Familie würde perfekt sein, und niemand würde sie mir wegnehmen können!

Mit dreiundzwanzig heiratete ich. Drei Jahre später kam meine Tochter zur Welt. Als meine Tochter erst ein Jahr alt war, kauften mein Mann und ich den amerikanischen Traum – ein mit allem Komfort ausgestattetes großes Haus mit vier Schlafzimmern und zwei Bädern. Nun besaß ich alles, was ich mir immer erträumt hatte – aber ich konnte mich nicht darüber freuen. Warum fühlte ich mich nicht glücklich und reich, obwohl sich doch alle meine Hoffnungen erfüllt hatten? Die Suche nach einer Antwort auf diese Frage führte mich auf den Pfad der Selbstentdeckung und Persönlichkeitsentwicklung.

Ich las alle Bücher über persönliches Wachstum, die ich mir beschaffen konnte. Meine beiden Lieblingsbücher waren und sind noch immer: *Leben im Licht* von Shakti Gawain und *Die Natur der persönlichen Realität. Ein Seth-Buch* von Jane Roberts. Diese Bücher und noch viele andere halfen mir sehr. Ich fing an, Seminare und Workshops zu besuchen. Ich praktizierte Yoga und meditierte. Ich entwickelte einen unglaublich starken Antrieb, mich auf dem Pfad persönlichen Wachstums voranzubewegen. Ich wollte herausfinden, wer ich wirklich war und was ich vom Leben erwartete. Ich musste meine persönliche Bestimmung finden.

Ich verließ meine geliebte Familie, ohne recht zu wissen, warum. Ich verzichtete auf das schöne Haus und die gemeinsamen Ersparnisse. Ohne Geld zog ich in eine andere Gegend, fast vierhundert Meilen weit weg, um mir darüber klar zu werden, wer ich war und wozu es mich gab. Dort hatte ich keine Familie und keine Freunde. Ich hatte aus dem Gefühl heraus gehandelt, dass dieser Schritt richtig und notwendig war.

Damals befand sich das Land gerade in einer tiefen Rezession, was es schwer machte, eine Arbeit zu finden, zumal ich in dem Ort, in den ich gezogen war, über keinerlei Kontakte verfügte. Achtzehn Monate später war ich immer noch ohne Job. Ich lebte von meinen Kreditkarten, finanzierte mit ihnen Miete, Essen, Auto, Versicherungen und alles andere, was ich zum Leben brauchte. Irgendwann hatte ich plötzlich 45000 Dollar Schulden.

Ich kam zu dem Schluss, dass ich mir offensichtlich die ganze Zeit selbst etwas vorgemacht hatte, und gab meine Suche nach persönlichem Wachstum auf. Vielleicht hatte mein Ex-Mann recht, vielleicht hatte ich *wirklich* völlig den Verstand verloren. Gerade als ich glaubte, an Depressionen sterben zu müssen, wurde mir eine Arbeit angeboten. Bis zum heutigen Tag weiß ich nicht, wie es mir gelang, bei dem Vorstellungsgespräch keinen völlig hoffnungslosen Eindruck zu hinterlassen. Vielleicht tat ich ihnen ganz einfach leid. Jedenfalls bekam ich den Job, und von da an ging es wieder bergauf.

Allmählich erwachte mein Interesse an spirituellem und persönlichem Wachstum neu. Ich fing an, wieder auf meine Intuition zu vertrauen. Bücher waren in jener Zeit meine Lebensretter. Endlich schaffte ich es, mein Leben in den Griff zu bekommen und angemessen für meine Grundbedürfnisse zu sorgen.

Nach ein paar Jahren auf meiner anfänglichen Arbeitsstelle erwachte in mir der Wusch, nicht länger nur für meinen Lebensunterhalt zu arbeiten. Ich wollte mir in jenem Bereich eine Arbeit suchen, zu dem ich mich besonders leidenschaftlich hingezogen fühlte. Meine neue Tätigkeit sollte mit den inspirierenden Büchern in Verbindung stehen, die mir durch meine schlimmste Zeit geholfen hatten. Ich wollte jenen Autoren und Verlegern etwas zurückgeben, deren Arbeit mir damals eine so große Stütze gewesen war.

Im Rückblick bin ich erstaunt, wie viel ich während dieser schwierigen Phase meines Lebens gelernt habe. Es gelang mir, im Verlagswesen jene Art von Arbeit zu finden, nach der ich mich sehnte. Heute habe ich das Glück, Autorinnen und Autoren wie Shakti bei der Arbeit an ihren neuen Büchern helfen zu dürfen. So kann ich etwas für diejenigen tun, die mir damals so viel gegeben haben. Ich fühle mich gesegnet, denn ich habe meine Bestimmung gefunden!

Und endlich habe ich auch die Familie, die ich mir immer wünschte. Im vergangenen Jahr trafen meine Geschwister und ich uns zum ersten Mal seit dreiundzwanzig Jahren. Eine neue Beziehung zu ihnen aufzubauen braucht ein wenig Geduld, aber wir kommen uns wieder näher. Und mein Verhältnis zu meinem Ex-Mann ist heute besser als während unserer Ehe – wir sind gute Freunde und bringen einander sehr viel Verständnis und Respekt entgegen. Ich habe eine wunderbare Beziehung zu meiner inzwischen zwölfjährigen Tochter, die jetzt herkommen wird, um bei mir zu leben. Mein persönliches ebenso wie mein spirituelles Wachstum machen weiter Fortschritte. Und was meine Finanzen angeht: Ich habe alle meine Schulden abbezahlt und besitze jetzt ein eigenes Haus.

Der Pfad zu wahrem Reichtum verläuft nicht immer glatt und geradeaus. Alle meine so genannten Schwierigkeiten habe ich mir selbst eingebrockt. Aber ich bin dankbar für die Lektionen, die ich auf diesem Weg lernte, denn ich liebe den Menschen, zu dem sie mich gemacht haben. Wenn wir bereit sind, die Lektionen zu lernen, die das Leben für uns bereithält, wenn wir unser Herz für die Liebe öffnen und nach wirklicher Erfüllung streben, macht uns das unendlich reich!

Meine Mutter ist für mich ein leuchtendes Beispiel dafür, wie man im Alter ein einfaches und dennoch wahrhaft reiches Leben führen kann. Obwohl sie nur ein bescheidenes, begrenztes Einkommen bezieht, genießt sie auch mit sechsundsiebzig Jahren ihr Dasein in jeder Hinsicht.

Sie wohnt zur Miete in einem netten kleinen Haus auf der Insel Maui. Jeden Morgen, nach einem Frühstück aus tropischen Früchten, arbeitet sie in ihrem schönen Garten, und anschließend schwimmt sie im Meer.

So beschreibt sie selbst ihr Leben:

Zeit-Reichtum
von Beth Gawain

Einer der vielen wunderbaren Aspekte des Altwerdens ist, dass wir mehr Zeit haben. Wenn wir nicht mehr arbeiten gehen müssen, ist es ein herrlicher Luxus, morgens aufzuwachen und sich spontan fragen zu können: »Was möchte ich heute gerne tun?«

Als ich mich seinerzeit aus meinem Beruf als Städteplanerin zurückzog, kaufte ich mir als erstes ein Vogelbuch und bat meine Nichte (eine Zoologin), mit mir wandern zu gehen und mir alles zu erzählen, was sie über Vögel wusste. Ich hatte mich immer schon für Vögel interessiert, aber sie musste mir alles von Grund auf zeigen und beibringen, etwa, wie man die Vögel im Gras oder im Laub entdeckt. Anfangs benutzte ich ein perlmuttbesetztes Opernglas, ein altes Familienerbstück, um die Vögel zu beobachten! Heute, Jahre später, nach vielen Reisen auf vier Kontinenten, gibt es eine lange Liste von Vögeln, die ich gesehen habe.

Vor ein paar Jahren begann ich, mich mit Yoga zu beschäftigen, das ich auch heute noch regelmäßig praktiziere. Immer schon hatte ich gerne Aquarelle malen wollen. Heute nehme ich mir die Zeit dafür. Kürzlich habe ich Töpfern gelernt, und seitdem stelle ich mein eigenes Geschirr, Vasen und Blumentöpfe her. Sogar eine Vogeltränke für meinen Hof habe ich schon getöpfert. Es ist ein großartiges Gefühl, mich diesen neuen Interessen in Ruhe widmen zu können, ohne sie in einen bereits übervollen Terminkalender pressen zu müssen.

Als ich schon ein paar Jahre Pensionärin war, entdeckte meine Tochter ihre Leidenschaft für Terminplaner und schenkte mir einen zu Weihnachten. Doch ich hatte nicht die geringste Lust, ihn zu benutzen! Das war für sie schwer zu begreifen. Ich war immer eine viel beschäftigte berufstätige Mutter gewesen, die oft zu Versammlungen gegangen war und an den Wochenenden Reden und Artikel geschrieben hatte. Ich war Herausgeberin der Vereinszeitung von *Parents without Partners** und zweite Vorsitzende der Co-op.

Wenn ich Leute treffe, die mich aus jener Zeit kennen, fragen sie: »Und, was machst du heute?« Am liebsten antworte ich dann: »So wenig wie möglich!« Oder ich sage auf italienisch: »Dolce far niente.« Ich genieße das süße Nichtstun.

Damit komme ich zum wichtigsten Punkt. Dass ich jetzt Dinge tun kann, für die ich früher nie Zeit hatte, ist sehr schön, aber die größte Freiheit liegt für mich darin, dass ich mich entscheiden kann, *nichts* zu tun.

Nichtstun ist in unserer betriebsamen Kultur nicht leicht. Dazu ist es nötig, Werte und Gewohnheiten zu verändern. Und Nichtstun braucht Übung. Anfangs ist der Impuls, etwas zu tun, irgend etwas, sehr groß.

Am ehesten gelingt es uns, glaube ich, in der Natur. Ich kann leicht eine ganze Stunde damit verbringen, auf meiner Veranda zu sitzen und zuzuschauen, wie die Palmblätter im Wind schwanken oder die Ameisen umherkrabbeln. Ich liebe es, Regentropfen auf Bananenblätter fallen zu sehen, perlend wie Quecksilber. Und wenn ich am Strand der Brandung zuschaue, erfüllt der uralte Rhythmus der Schöpfung meine ganze Seele. Oder ich lasse mich einfach regungslos im Meer treiben. Es gefällt mir, überhaupt nichts zu tun, noch nicht einmal zu meditieren.

---

* Verein für allein erziehende Eltern. *Anm. d. Übers.*

Ich glaube, wir älteren Menschen sollten mit gutem Beispiel vorangehen und zeigen, wie wohltuend es sein kann, sich im Leben mehr Muße zu gönnen. In unserer Kultur gibt es wenig Stille, aber sehr viel Lärm und Aktivität. Wenn wir uns treffen, fragen wir: »Was machst du gerade?« Oder: »Was hast du vor?« »Wie fühlst du dich?« fragen wir höchstens, wenn jemand krank ist. Und selbst dann möchten wir es lieber nicht so genau wissen. Gewiss fragen wir auch: »Wie geht es dir?« Aber die Antwort lautet im Allgemeinen nur: »Gut. Danke.«

Fragen wir einander je: »Worüber wunderst du dich heute?« Oder: »Was hast du heute Schönes gesehen?«

Unsere Kultur legt so viel Wert auf äußere Aktivitäten und Aufregungen jeder Art. Können wir lernen, Stille, Frieden und Gelassenheit ebenso wertzuschätzen? Können wir uns dafür die Zeit nehmen?

Im Alter können wir Dinge tun, zu denen in den Jahren davor wegen unserer beruflichen und familiären Verpflichtungen keine Zeit blieb. Ebenso haben wir die Möglichkeit, uns Zeiten der Stille zu gönnen. Unser Zeit-Reichtum gibt uns Gelegenheit zu Kontemplation und Schweigen. Wir haben viel Zeit, um einfach nur zu *sein*.

Ich hoffe, diese Geschichten haben Ihnen gefallen. Vielleicht kennen Sie aus eigenem Erleben oder aus Ihrem Bekanntenkreis ebenfalls eine inspirierende oder nachdenklich machende Geschichte zum Thema dieses Buches, die Sie mir gerne zuschicken möchten. Sie sollte allerdings höchstens zwei Seiten lang sein – bitte nicht länger. Tippen Sie sie auf dem Computer oder der Schreibmaschine, und vergessen Sie nicht, Ihre Anschrift und Telefonnummer anzugeben. Ich freue mich darauf, sie zu lesen! Und wer weiß? Vielleicht stelle ich einmal ein Buch mit diesen Geschichten vom Reichtum zusammen. Schicken Sie Ihre Geschichte bitte an folgende Anschrift:

Shakti Gawain
Prosperity Stories
P.O. Box 377
Mill Valley, CA 94941
E-mail: staff@shaktigawain.com

Danksagung

Katherine Dieter, ein besonderer Dank an Dich für Deine kreativen Ideen und Deine liebevolle Unterstützung bei der Realisierung dieses Projektes. Kathy Altman, wie stets waren Deine Beiträge von unschätzbarem Wert.

Ich möchte auch dem Team von New World Library meinen Dank aussprechen, besonders Becky Benenate, Jason Gardner, Aaron Kenedi, Marjorie Conte und Munro Magruder. Es ist wunderbar, mit Euch zu arbeiten! Dank an Marc Allen dafür, dass er mich erneut dazu überredet hat, ein Buch zu schreiben.

Danke, Lora O'Connor, dafür, dass Du Dich um alles andere in meinem Leben gekümmert hast, während ich dieses Buch schrieb.

Hal und Sidra Stone, Euer Rat hat mir außerordentlich geholfen, in meinem Leben mehr Integration und Reichtum zu erschaffen.

Jim Burns, danke, dass Du ein so großer Teil meines wahren Reichtums bist.

Literaturverzeichnis und Adressen

Bücher

Allen, Marc: *Visionary Business: An Entrepreneur's Guide to Success.* New World Library, 1995

Capacchione, Julia: *Recovery of Your Inner Child.* Simon and Schuster, 1991

Gawain, Shakti (mit Laurel King): *Leben im Licht. Quelle und Weg zu einem neuen Bewußtsein.* Heyne Verlag, München 1989 und 2000 (aktualisierte Ausgabe)

Gawain, Shakti: *Im Garten der Seele. Auf Entdeckungsreise zum Selbst.* Heyne Verlag, München 1991

Gawain, Shakti: *Das Leben-im-Licht-Programm.* Heyne Verlag, München 1993

Gawain, Shakti: *Meditationen im Licht.* Heyne Verlag, München 1992

Gawain, Shakti: *Erwachen.* Heyne Verlag, München 1993

Gawain, Shakti: *Wege der Wandlung.* Heyne Verlag, München 1994

Gawain, Shakti: *Gesund denken. Kreativ visualisieren.* Heyne Verlag, München 1994

Gawain, Shakti: *Die vier Stufen der Heilung. Das Geheimnis gesunden Lebens auf den vier Ebenen der Existenz.* Heyne Verlag, München 1998

Luvaas, Tanha: *Notes from My Inner Child.* Nataraj Publishing, 1993

Orman, Suze: *The Nine Steps to Financial Freedom.* Crown, 1997

Stone, Hal und Sidra: *Du bist viele. Das hundertfache Selbst und seine Entdeckung durch die Voice-Dialogue-Methode.* Heyne Verlag, München 1994

Stone, Hal und Sidra: *Du bist richtig. Mit der Voice-Dialogue-Methode den inneren Kritiker zum Freund gewinnen.* Heyne Verlag, München 1995

Stone, Hal und Sidra: *Abenteuer Liebe, lebendige Partnerschaft.* Kösel Verlag, München 1997

Whyte, David: *The House of Belonging.* Many Rivers Press, 1997

Audiokassetten

Deutsch

Gawain, Shakti: *Meditationen im Licht.* Zwei Audiokassetten. Verlag Hugendubel, München

Gawain, Shakti: *Stell dir vor.* Eine Audiokassette. Sphinx Audio, Basel

Gawain, Shakti: *Leben im Licht. Praktische Übungen.* Zwei Audiokassetten. Axent-Verlag, Augsburg

Englisch

Gawain, Shakti: Lehr- und Meditationskassetten in englischer Sprache (z. B. *The Four Levels of Healing, The Path of Transformation*) von New World Library und Nataraj Publishing

Stone, Hal und Sidra: Audiokassetten in englischer Sprache (z. B. *Meeting Your Selves, The Child Within, Meet Your Inner Critic*) von Delos, Kalifornien

Kataloge mit dem vollständigen Lieferprogramm von Nataraj Publishing, New World Library, Delos und Raven Recording erhalten Sie bei:

Nataraj Publishing
P.O. Box 2430, Mill Valley, CA 94942, USA

Seminare

Vorträge und Seminare mit Shakti Gawain finden überall in den Vereinigten Staaten und in vielen anderen Ländern statt. Sie leitet außerdem Retreats, Intensivkurse und Schulungen. Wenn Sie in ihren Adressverteiler aufgenommen und über ihre Seminare informiert werden möchten, wenden Sie sich an:

Shakti Gawain, Inc.
P.O. Box 377, Mill Valley, CA 94942, USA
Tel.: 001-415-388-7140
Fax: 001-415-388-7196
E-mail: staff@shaktigawain.com
Internet: www.shaktigawain.com

oder in Deutschland an:

WRAGE Seminar Service
Schülerstr. 4, 20146 Hamburg
Tel. 040-455240

Shakti und ihr Mann, Jim Burns, vermieten Zimmer und ein Gästehaus auf ihrem wunderschönen Anwesen auf der Hawaii-Insel Kaua´i an Einzelreisende oder Paare, die zu persönlichen Retreats dort hinkommen möchten. Informationen und Reservierungen bei:

Kai Mana
P.O. Box 612, Kilauea, Hawaii 96754, USA
Fax: 001-808-828-6670

Informationen über Shaktis Seminare, Nataraj Publishing und Kai Mana finden Sie auch auf unserer Web site:

http://www.nataraj.com

Informationen über die von Hal und Sidra Stone angebotenen Seminare und Schulungen erhalten Sie bei:

Delos
P.O. Box 604, Albion, CA 95410, USA
Tel.: 001-707-937-2424
E-mail: delos@mcn.org
Internet: www.delos-inc.com

oder in Deutschland bei:

Voice Dialogue Center München
Artho Wittemann,
Fallmeyerstr. 36,
80796 München
Tel./Fax: 089-3085846